Die Constantinische

Schenkungsurkunde.

I.

Das Constitutum Constantini.

Von

Dr. Heinrich Brunner,

Geh. Justizrath, ord. Professor der Rechte an der Universität Berlin.

II.

Der älteste Text.

Von

Dr. Karl Zeumer,

Privatdocent an der Universität Berlin.

Berlin.

Verlag von Julius Springer.

1888.

Sonderabdruck aus

Festgabe für Rudolf von Gneist.

Buchdruckerei von Gustav Schade (Otto Francke) in Berlin N

ISBN-13: 978-3-642-93904-4   e-ISBN-13: 978-3-642-94304-1
DOI: 10.1007/ 978-3-642-94304-1

Inhalt.

I.

Das Constitutum Constantini.

Von

Heinrich Brunner.

Constitutum nennt sich in ihrem Contexte die grosse Schenkungsurkunde[1]), laut welcher Constantin zum Dank für seine Heilung vom
Aussatz dem Pabste Silvester und seinen Nachfolgern die kaiserliche
Würde und die Herrschaft über das Abendland übertragen haben soll.
In die pseudo-isidorischen Decretalen aufgenommen, in das Decretum
Gratians eingefügt, übte sie einen nicht unerheblichen Einfluss aus
auf den Gedankengang, mit welchem das Mittelalter die Geschichte
des Alterthums in sein Bewusstsein aufnahm und hat sie nicht zum
wenigsten die Anschauungen gefördert, auf welchen die theoretische
Reception des römischen Rechtes beruht, da sie es ermöglichte, durch
das Mittelglied des Pabstthums eine Rechtscontinuität zwischen dem
Reiche der römischen Imperatoren und dem mittelalterlichen Kaiserthum herzustellen. Trotz vereinzelt auftretender Zweifel und Ablehn-
ungen hielt das Mittelalter im Allgemeinen an der Echtheit der
Urkunde fest, nur dass man in den Kreisen der Legisten die Nich-
tigkeit der ganzen Schenkung darzuthun suchte, weil die Reichsgewalt
als solche unveräusserlich sei, ein Argument, welchem die Gegner
dadurch die Spitze abzubrechen suchten, dass sie geltend machten,
der Pabst sei kraft ius divinum schon verus dominus gewesen, so dass
die Schenkung nur den Charakter der Restitution gehabt habe[2]).
Nachdem im fünfzehnten Jahrhundert das Machwerk entlarvt worden
war, wurde von Seiten der Curie und ihrer Anhänger der anfängliche

---

[1]) Exemplar constituti domini constantini imperatoris lautet die Ueberschrift in
Cod. Paris. lat. 1455 und im Index zu Pseudoisidor Cod. Bamberg. C. 47, Hinschius,
Decretales Pseudo-Isidorianae, S. 13.

[2]) Gierke, Genossenschaftsrecht III 622, Anm. und die daselbst citierten Be-
legstellen. Döllinger, Die Pabstfabeln des Mittelalters S. 89 ff.

Versuch die Thatsache der Fälschung zu bestreiten schliesslich als ein hoffnungsloser aufgegeben. Um das Odium der Fälschung abzuwälzen blieb nur noch das Auskunftsmittel übrig den Entstehungsort des Constitutums in Sphären zu verlegen, für welche das päbstliche Regiment keine oder doch nicht die volle Verantwortlichkeit zu tragen hatte. So versuchte schon Baronius die Fälschung den Griechen in die Schuhe zu schieben, eine Ansicht, welche Döllinger in den Pabstfabeln endgiltig widerlegte. Durch Döllinger ist die Frage nach Heimat und Alter der Schenkungsurkunde aufs neue in Fluss gekommen. Gegen die Uebereinstimmung, mit welcher nunmehr das römische Gebiet als Brutstätte der Fälschung angesehen wurde, trat in den Jahren 1883, 1884 eine im historischen Jahrbuch der Görresgesellschaft veröffentlichte Abhandlung von Hermann Grauert[3]) in die Schranken, welcher die Anerkennung nicht versagt werden darf, dass sie auf gründlichen und gewissenhaften Detailstudien beruht. Grauert will den Nachweis führen, dass das Constitutum nicht in Italien, sondern im westfränkischen Reiche und zwar zu S. Denis bald nach 840 gefälscht worden sei. Dieser Versuch, den römischen Clerus zu entlasten und dafür den westfränkischen als Sündenbock hinzustellen, hat in einer sehr beachtenswerthen Recension Georg Kaufmanns, Allgemeine Zeitung vom 14. Januar 1884 und neuestens in einer scharfsinnigen Ausführung Weilands, Zeitschrift für Kirchenrecht hrsg. von Dove und Friedberg XXII, entschiedenen Widerspruch gefunden. Unabhängig von Weiland war ich, als ich die Frage für den zweiten Band meines Handbuches der deutschen Rechtsgeschichte behandeln musste, zu gleichen Ergebnissen gelangt. Nichtsdestoweniger bleibt mir noch eine Nachlese übrig. Insbesondere glaube ich wesentliche Argumente Grauerts widerlegen zu können, welche Weiland m. E. nicht widerlegt hat, und weiche ich in der Bestimmung des Alters der Fälschung von Weiland ab.

---

[3]) In Folgendem wird ein Sonderabdruck, München 1883, citiert; die Seitenzahlen des Sonderabdrucks stimmen mit denen des historischen Jahrbuchs überein, mit Ausnahme von Abschnitt IV, in welchem S. 1 des Abdrucks S. 525 des hist. Jahrb. 1883 entspricht.

I. Die Corroborationsformel.

Ein Hauptargument Grauerts bildet die Corroborationsformel des Constitutums. Sie lautet (§ 20):

> Huius vero imperialis decreti nostri paginam *propriis manibus roborantes* super venerandum corpus beati Petri principis apostolorum posuimus ibique eidem Dei apostolo spondentes, nos cuncta inviolabiliter conservare et nostris successoribus imperatoribus conservanda in mandatis relinqui, beatissimo patri nostro Silvestrio summo pontifici et universali papae eiusque . . . successoribus pontificibus . . . tradidimus . . .

Die Ankündigung der manus roboratio entstamme, meint Grauert, der fränkischen Königskanzlei[1]). Bis 825 erscheine sie regelmässig unter der Verwendung des Singulars manu propria, wie es in der Natur der Sache liege, da ja der Herrscher nur mit einer Hand, nicht mit beiden Händen unterschreibe. Der Plural manibus nostris sei erst seit 825 möglich geworden, als Ludwig I. mit seinem Sohn Lothar gemeinschaftlich zu urkunden begann. Aus einer derartigen von mehreren Ausstellern gefertigten Urkunde habe der Fälscher den für sein Actenstück unpassenden Plural geschöpft. Wegen des Participiums roborantes, welches sich nach Th. Sickel bis 840 niemals in Originalen fränkischer Königsurkunden finde, müsse die Fälschung in die Zeit nach 840 gesetzt werden.

Weiland hat dieses Argument nicht aus dem Felde geschlagen durch die Bemerkung, dass der Fälscher in Formalien seiner Willkür die Zügel schiessen lassen, aus purer Fälschercaprice einen Plural statt eines Singulars, ein Participium statt des verbum finitum setzen konnte[2]). ‚Die Diplomatik und ihre Ergebnisse in Ehren‘ — ruft Weiland aus — ‚ich kann mich nicht überzeugen, dass sie zu solchen Schlüssen zwingt.‘ Hoffentlich gelingt es mir, die Diplomatik in Weilands Augen zu höheren Ehren zu bringen, indem ich im Folgenden den Beweis zu liefern versuche, dass Grauerts Schluss ein verfehlter ist, weil sich aus Gründen der Diplomatik ergibt, dass die Corroborationsformel des Constitutums auf dem Boden des päbstlichen

---

[1]) A. O. IV 69.
[2]) Z. f. KR. XXII 143.

Urkundenstils erwachsen ist, und ebensowol im achten als im neunten Jahrhundert entstanden sein kann.

Der Ausdruck roborare ist als Bezeichnung der Handfestung allerdings neben anderen im fränkischen Reiche üblich gewesen. Allein er findet sich auch in Italien und zwar speciell in der päbstlichen Kanzleisprache. So braucht Hadrian I. in Briefen an Karl den Grossen, wo er von Wahldecreten spricht, welche die Wähler aus Anlass von Bischofswahlen unterzeichnet haben, die Wendungen: decreti omnium manibus subscriptione roboratum[3]), cum subscriptione decreti a toto populo roboratum[4]). In einer Formel des römischen Liber diurnus, welche dem zweiten unter Hadrian I. entstandenen Bestandtheile dieser Formelsammlung angehört und auf das Wahldecret von 772 zurückgeht, Rozière No. 82, S. 173, sagen die mehreren Unterzeichner des Wahldecretes: hoc vero decretum a nobis factum subter, ut praelatum est, manibus propriis roborantes, in archivo domnicae nostrae sanctae Romanae ecclesiae . . . recondi fecimus[5]).

In der Ankündigung der Handfestung und in der Subscriptions- oder Signationsformel selbst verwendet auch der italische Urkunden- stil sehr oft den Singular propria manu. Aber schon ziemlich früh lässt sich die Tendenz wahrnehmen, den Plural manus zu gebrauchen, obwol nur eine signirende oder schreibende Person in Frage steht. Heisst es z. B. in Troya No. 667 v. J. 752: manus proprias subscripsi, oder in Troya No. 668, v. J. 754: proprias manus meas subscripsi, so wird man dies kaum als dialectisch corrumpierten Singular erklären dürfen. Ausserdem findet sich mehrmals bei Angabe des Schreibers in langobardischen Urkunden die Wendung, dass die Urkunde ge- schrieben sei: per manus N. N. So in Reg. Farf. No. 30, v. J. 747: quatuor . . breves conscripti sunt per manus Petri; in Codex dipl. Lang.

---

[3]) Codex Carolinus ep. 88, v. 788 (?), Jaffé, Bibl. rerum Germ. IV 267.

[4]) Codex Carolinus ep. 98, 784—791, Jaffé a. O. S. 267.

[5]) Ueber die Entstehungszeit der einzelnen Bestandtheile des Liber diurnus schreibt mir Theodor v. Sickel: Form. 1—63 gehören zur Collectio I, welche bald nach Gregor I., ungefähr 630, zum Abschluss gelangt ist. Derselben sind nach und nach die Formeln 64—81 (Appendix I.) zugewachsen — ich nehme an bis zum Jahre 700. Eine Collectio II, nämlich die Formeln 82—99, ist unter Hadrian I. an- gelegt worden. Formel 82 geht auf das Wahldecret von 772 zurück. Ein Appendix II. ist dann wahrscheinlich unter Leo III. entstanden.

No. 45, v. J. 772: breve per ipsius Aboni manus rescriptum. Der päbstlichen Kanzlei ist dieser Sprachgebrauch gleichfalls bekannt. So heisst es z. B. in der Urkunde Stefans IV. für Farfa v. J. 817, Reg. Farf. No. 224, II 186: scriptum per manus Christophori scriniarii .. Datum per manus Theodorii nomenculatoris sanctae sedis apostolicae[6]). Von dem scriptum per manus, datum per manus ist nicht mehr weit bis zu dem scribere, subscribere manibus. Auch diese Wendung lässt sich aus langobardischen Urkunden, die nur von einer einzelnen Person ausgestellt sind, mehrfach belegen. Z. B. Troya No. 723 v. J. 758: Signum manus Ariprandi clerici qui hunc iudicatum et donationem fieri elegit et propter negligentia usui sui *manibus suis propriis* menime potuit subscrivere, tamen signum s. crucis *manibus suis* fecit. Cod. dipl. Lang. No. 53 v. J. 774, col. 104: Ego P. in hanc cartola vindi-tionem ad me facta adque digtata *manibus meis* propria subscripsi. A. O. No. 54, v. J. 776, col. 105: quam enim cartulam dispositionis mee M. scribere rogavi, in qua subter *propriis manibus* confirmantis adque testibusque a me rogatis obtoli rovorandum.

Allerdings handelt es sich da um Privaturkunden. Allein wir können die charakteristische Wendung — und das ist für die Kritik des Constitutums von durchschlagender Bedeutung — auch in der älteren päbstlichen Urkundensprache nachweisen. In Nummer 81 des Liber diurnus, Rozière S. 168 haben wir eine Formel für eine Pabst-urkunde, welche dem ersten Appendix, also noch dem siebenten Jahr-hundert angehört, und welche Grauert, der doch sonst den Liber diurnus fleissig benutzte, auffallender Weise übersehen hat. Dieselbe betrifft die Schenkung eines Unfreien durch den Papst und schliesst mit den Worten: quam donationis paginam *manibus nostris roboratam* tuae dilectioni tradidimus pro futura cautela. Da das Participium roborantes bereits oben aus Liber diurnus No. 82 nachgewiesen worden, so leidet es keinen Zweifel, dass der Fälscher des Constitutums die Corroborationsformel römischen Vorbildern entlehnt haben kann. Die blosse Möglichkeit verdichtet sich zur Gewissheit, wenn sich darthun lässt, dass die Fälschung entstand zu einer Zeit, ehe wir die ent-sprechende Wendung anderwärts, namentlich im fränkischen Urkunden-stil nachweisen können.

---

[6]) Ebenso in Paschalis für Farfa l. c. No. 225.

Nebenbei bemerkt, ist der Plural manibus nostris nicht als ein pluralis maiestatis zu erklären, denn es findet sich oft genug einerseits manu nostra roboravimus und andererseits manibus meis subscripsi. Vielmehr hatte das Wort manus im italischen Urkundenstil eine eigenthümliche Nebenbedeutung. Schon in den Digesten und im Codex wird manus für Handschrift, chirographum, Urkunde gebraucht[7]), wie wir z. B. heute noch von einer kräftigen, von einer leserlichen Hand, von Nachahmung einer fremden Hand sprechen, wenn wir die Handschrift meinen. Manus für Urkunde hat sich, wie ich anderwärts zu belegen[8]) den Anlass hatte, in Italien während der langobardischen Zeit erhalten. Der Plural manus scheint daselbst die Bedeutung Schriftzüge gehabt zu haben, so dass per manus, manibus scriptum nicht das durch die Hände, sondern das durch die Schriftzüge einer Person hergestellte Werk und manibus roborare nicht mit den Händen, sondern mittelst der Schriftzüge festigen bezeichnet.

Die oben ausgeschriebene Formel des Constitutums zeigt in der Zusammensetzung ihrer Bestandtheile das specifische Gepräge der römischen Schenkungsurkunden. Diese pflegen von Alters her die Ankündigung der Subscriptio oder Signatio, die Erwähnung der Urkundentradition und die Sponsion des Ausstellers formelhaft zusammenzufassen.

Marini, Papiri diplomatici No. 86, v. J. 553: quam largitatem . . scribendam dictavi, cui propriae manus . . signa impressimus et . . stipulationis et sponsionis robore confirmatam vobis . . . tradidi.

Marini No. 90, saec. VI vel VII: mano propria . . signum sanctae crucis feci et . . (paginam donationis) vobis . . contradidi . . stipulatione et sponsione sollemniter interposita.

Marini No. 92, saec. VI vel VII: subter manu propria . . subscripsi . . in verbis sollemnibus spopondi et hanc donationem vobis in praesenti contradedi.

---

[7]) Dig. XXII, 3, l. 15: propter emissam manum ab eis. Cod. Theod. II., 27, l. 1, § 1: manum defuncti probare. Cod. Just. XII, 40, l. 1. Cf. Zeumer, Formulae S. 10, Anm. 4.

[8]) Zur Rechtsgeschichte der römischen und germanischen Urkunde I 37. Vgl. S. 221, 270, Anm. 1.

Die Tradition der Urkunde[9]) geschieht nach dem Constitutum in der Weise, dass die Urkunde auf den Altar des heiligen Petrus gelegt wird. Bei den Langobarden tritt uns die Sitte Schenkungsurkunden auf den Altar der beschenkten Kirche zu tradieren seit dem achten Jahrhundert entgegen. In Rom werden schon zur Zeit Gregors des Grossen Verpflichtungsurkunden super corpus beati Petri tradirt. So sagt ein langobardischer Bischof, Liber diurnus No. 76: hoc autem indiculum sacramenti mei ego ... manu propria scripsi atque positum supra sacratissimum corpus tuum beate Petre praebui iusiurandum[10]). Bonifatius verpflichtete sich 722 dem Pabste ponens (indiculum sacramenti) super sacratissimum corpus sancti Petri[11]). Von der grossen Länderschenkung, welche Karl der Grosse 774 dem heiligen Petrus machte, heisst es im Liber pontificalis[12]): factaque eadem donatione et propria sua manu eam ipse christianissimus Francorum rex eam conroborans universos episcopos ... et grafiones in ea adscribi fecit; quam prius super altare beati Petri et postmodum in sancta eius confessione ponentes tam ipse Francorum rex quamque eius iudices, beato Petro .. sub terribile sacramento sese omnia conservaturos, qui in eadem donatione continentur, promittentes tradiderunt. Unter anderen haben schon Martens und Grauert auf die formelhafte Verwandtschaft des Constitutums mit dem letztgedachten Passus hingewiesen. Doch braucht man deshalb eine Benutzung desselben durch den Fälscher nicht anzunehmen; denn all die einzelnen Elemente, aus welchen sich die Formel des Constitutums einerseits, die Erzählung der Vita Hadriani andererseits zusammensetzen, liegen schon vor 774 vor, nur dass diese statt der einfachen Sponsion einen Eid ablegen lässt. Die Ankündigung der corroboratio, des ponere super corpus beati Petri und die Sponsion resp. der Eid gehören eben dem hergebrachten Formalismus der römischen Schenkung an. Auch die Päbste haben sich, so weit es passte, bei Schenkungen an dieses Formular angeschlossen, wie Liber diurnus No. 81 angibt.

---

[9]) Sie lässt sich in römischen Schenkungsurkunden bis mindestens in das 10. Jahrhundert verfolgen. Zur RG. der Urk. I 90 ff.

[10]) Cf. Liber diurnus No. 75, 118.

[11]) Liber diurnus No. 119.

[12]) Ausgabe von L. Duchesne I 498, Hadrian 43 in der Bibliothèque des écoles françaises d'Athène et de Rome, 2ème série, 1886.

II. Die Notiz: et subscriptio imperialis.

Das Constitutum Constantini hat bekanntlich diplomatische Merk-
male, aus welchen hervorgeht, dass der Fälscher echte oströmische
Kaiserurkunden benutzt habe. So entspricht der Titel Constantins:
Imperator Caesar Flavius Constantinus in christo . . fidelis, mansuetus
maximus, beneficus, Alamannicus, Gothicus, Sarmaticus, Germanicus,
Brittanicus, Hunicus, pius felix victor ac triumphator semper augustus
dem Formular[1]) byzantinischer Kaiserurkunden aus der Zeit vor dem
Ausgang des achten Jahrhunderts, mit welchem die triumphalen Beinamen der byzantinischen Kaiser verschwinden.

Noch bezeichnender ist das Eschatocoll:

> *Et subscriptio imperialis:* Divinitas vos conservet per multos
> annos sanctissimi ac beatissimi patres. Datum Roma sub
> die tercio Kalendarum Apriliarum, domno nostro Flavio
> Constantino augusto quater et Galligano[2]) viris clarissimis
> consulibus.

Grauert ist der Meinung, dass dem Fälscher in S. Denis und
dessen nächster Umgegend ein genügendes Material byzantinischer
Kaiserurkunden zur Verfügung gestanden habe, das er für die Fälschung habe benutzen können. Insbesondere beruft er sich auf die
Thatsache, dass Karl der Grosse eine Sammlung der aus Byzanz an
den fränkischen Hof gelangten Kaiserbriefe habe anfertigen lassen, die
von S. Denis aus unschwer zu erreichen war. Meines Erachtens
liefert aber das Eschatocoll des Constitutums den Beweis, dass der
Fälschung weder ein diesseits der Alpen befindliches Original, noch
eine daselbst angefertigte oder in eine Sammlung aufgenommene Abschrift einer byzantinischen Kaiserurkunde zu Grunde lag.

Die byzantinischen Kaiser pflegten ihre Urkunden nicht mit ihrem
Namen zu unterschreiben[3]). Vielmehr bestand die Subscriptio in alt-

---

[1]) Ausgenommen den nicht nachweisbaren Beinamen Hunicus (Grauert S. 61),
der vielleicht auf einem missverstandenen oder falsch gelesenen Beinamen der Vorlage, etwa Herulicus oder Anticus beruht.

[2]) Ueber Gallicanus, Consul des Jahres 317, vergl. AA. SS. 25. Juni V 36, E.

[3]) Bruns, Die Unterschriften der römischen Rechtsurkunden 1876, gibt das
erste Beispiel einer Namensunterschrift in einem Gesetze aus dem Jahre 924
(a. O. S. 86).

römischer Weise aus einer vom Kaiser eigenhändig geschriebenen Grussformel. Sie lautet, um ein dem Constitutum nahe kommendes Beispiel anzuführen, in dem Briefe des Kaisers Mauricius an Pabst Gregor I. von 591: divinitas te servet per multos annos sanctissime ac beatissime pater[4]).

Die Notiz: et subscriptio imperialis ist in einem Original einer Kaiserurkunde undenkbar. Die vom Kaiser geschriebene Grussformel gab sich durch ihre Schriftzüge, durch ihre Stellung im Diplom und durch die zinnoberrothe Tinte zu erkennen, mit der sie geschrieben war. Dagegen herrschte die Uebung bei amtlichen Abschriften und bei der Aufnahme von Kaiserurkunden in Sammlungen die kaiserliche Subscriptionsformel durch eine vorangestellte Notiz auszuzeichnen[5]). Sie lautete: et manu divina, $\dot{\eta}$ $\vartheta\varepsilon\dot\iota\alpha$ $\chi\varepsilon\iota\varrho$[6]), divina subscriptio, $\dot{\eta}$ $\vartheta\varepsilon\dot\iota\alpha$ $\dot\upsilon\pi o\gamma\varrho\alpha\varphi\dot\eta$ oder et adiecta subscriptio, et sua subscriptio[7]), et subscriptio, et subscriptio piissimi imperatoris[8]), et alia manu oder et subscriptio imperialis. Die zuletzt angeführte, dem Constitutum entsprechende Notiz haben z. B. eine Novelle Justins II. von 570, eine Constitution des Tiberius von 581.

Dem byzantinischen Kanzleiwesen entspricht auch in diesem Punkte das päbstliche. Auch die Pabsturkunden haben eine Gruss-formel als subscriptio[9]), welche in Abschriften oder in Sammlungen durch die Notiz: et subscriptio oder et manu domini papae oder sub-scriptio domini papae kenntlich gemacht wird[10]).

Anders gestaltete sich die Praxis des fränkischen Urkundenwesens. Das fränkische Königsdiplom nimmt stets in den Context eine Formel auf, welche die Handfestung durch den König ankündigt. Z. B. subter eam (auctoritatem) propria manu decrevimus roborari[11]) oder manus nostre subscriptionibus subter eam decrevimus roborare[12]), wozu in

---

[4]) Gregorii I Registri L. I—IV ed. Ewald in Mon. Germ. Epistol. tomi I pars I, p. 22.

[5]) Bruns, Unterschriften S. 81 f. Baluze zum Liber diurnus bei Rozière p. 4.

[6]) Mansi XI 719.

[7]) Regist. Greg. ed. Ewald p. 23.

[8]) Mansi XI 714, 919.

[9]) Liber diurnus ed. Rozière p. 4. Bruns, Unterschriften S. 82 f.

[10]) Siehe die Beispiele des Baluze in Lib. diurnus a. O.

[11]) Marculf I, 4.

[12]) Pardessus, Dipl. No. 433.

karolingischer Zeit noch die Ankündigung des Siegels hinzutritt[13]). Auch die fränkische Privaturkunde kündigt die Handfestung des Ausstellers regelmässig im Contexte an, nicht selten durch die Clausel stipulatione subnixa, in welcher stipulatio die Handfestung bedeutet[14]). Das fränkische Königsdiplom enthielt in der Unterschrift oder neben dem Handmal den Namen des Königs. Z. B. In Christi nomine Theudericus rex subscripsit oder Signum domno nostro Pippino gloriosissimo rege. Die Grussformel bene valeas, die sich daneben noch findet, kam unter Karl dem Grossen ausser Gebrauch. Auch die fränkische Privaturkunde nennt regelmässig in der firmatio den Namen des Ausstellers.

Es erscheint als eine selbstverständliche Consequenz jener Urkundungsform, dass im fränkischen Reiche kein Anlass vorhanden war, in Abschriften von Urkunden Unterschrift oder Handmal des Ausstellers durch eine selbstständige Notiz des Abschreibers auszuzeichnen, da sie sich im Original schon durch den Wortlaut der Corroborationsformel und des Eschatocolls von den übrigen Bestandtheilen der Urkunde in genügender Weise abhoben. Der Copist konnte die Vorlage wörtlich abschreiben, ohne ein Missverständniss des Lesers befürchten zu müssen. Diese Sachlage wirkte im fränkischen Reiche ein auf die Art der Copirung von Stücken, welche nach byzantinisch-päbstlichem Usus nur eine Grussformel als Unterschrift enthielten. Auch solche Vorlagen pflegte der Copist, weil er nicht gewohnt war die Subscriptionsformel durch eine selbstständige Notiz auszuzeichnen, nach dem Wortlaute des Originals abzuschreiben. So finden wir in der Formelsammlung, welche Zeumer als Collectio S. Dionysii herausgegeben hat, echte und gefälschte Pabstbriefe mit der üblichen Grussformel, ohne dass sie durch die Notiz: et subscriptio oder eine ähnliche Wendung eingeführt würde. Ebenso steht es mit den zahlreichen Pabstbriefen des Codex Carolinus. Weitaus die meisten bringen die Grussformel, aber kein einziges Stück der Sammlung trägt einen die Unterschrift ankündigenden Vermerk des Abschreibers. Dasselbe gilt von den aus einem fränkischen Codex stammenden Briefen Leos III[15]). In der

---

[13]) Sickel, Acta Karol. I 193 ff.

[14]) Brunner, Zur RG. der Urkunde I 221 ff. Derselbe, Deutsche Rechtsgeschichte I 396.

[15]) Jaffé, Bibliotheca IV 308 ff.

austrasischen Briefsammlung haben wir ein Schreiben des Kaisers Mauricius an Childebert II. (Bouquet IV 88, nr 65) mit vollständig erhaltenem Eschatocoll. An die Schlussworte des Textes fügt sich hier die Grussformel an: Divinitas te servet per multos annos parens christianissime atque amantissime. Auch die Sammlung der Briefe des Bischofs Desiderius von Cahors[16]) und die Sammlung von Arles[17]) lassen Einführungsnotizen der Grussformel vermissen.

Es ist nicht ohne Bedeutung für die Kritik der pseudoisidorischen Sammlung, die darin enthaltenen Decretalen, Briefe und Concilienschlüsse auf das in Frage stehende Merkmal hin zu prüfen. In dem ersten Theile der Sammlung, welcher die Decretalen bis Melchiades enthält, darunter 58 Stücke, welche aus der Feder des Fälschers geflossen sind, findet sich nirgends ein die Subscriptio auszeichnender Vermerk, dagegen bringen einen solchen vereinzelte Stücke des zweiten und dritten Theiles, nämlich solche, welche älteren Sammlungen entlehnt sind, ferner Fälschungen, welche aus älteren Vorlagen schöpften und etliche Briefe unsicherer Provenienz[18]). In diesen Fällen wurde der Vermerk von dem Fälscher gedankenlos aus der Vorlage abgeschrieben.

---

[16]) In dem Briefe an Grimoald bezieht sich das der Grussformel vorausgehende manu propria auf das, was im Texte voransteht: .. reciprocante nos pagina consolare manu propria. A. A. ist hinsichtlich dieses Passus Baluze zum Liber diurnus, Rozière p. 5, Anm.

[17]) Wie mir Herr Dr. Gundlach auf meine Anfrage hin gütigst mittheilte.

[18]) Decretales Pseudo-Isidorianae ed. Hinschius, S. 311: et subscripta alia manu; S. 312: et alia manu; S. 315 ebenso in Briefen aus den Acten des sechsten Concils von Carthago, welche der Hispana entstammen; S. 452: et subscriptio in dem verdächtigen Briefe des Athanasius; S. 464 ebenso in einem Briefe des Eusebius; S. 476, 483 ebenso in Briefen des Athanasius; S. 501: subscriptio ex alia manu in dem Briefe des Stephanus an Damasus und zwar in einem Passus, welcher dem lateranensischen Concil von 649, Mansi X 915 entlehnt scheint; S. 537, 538 in Briefen Innocenz des ersten aus der Collectio Quesnelliana; S. 554: et alia manu in einem Briefe des Pabstes Zosimus aus der Hispana; S. 567 in dem Briefe Leos an Theodoritus; S. 569 ebenso in dem Briefe gallischer Bischöfe an Pabst Leo den Gr. aus der Quesnelliana; S. 747: et subscriptio in einem Briefe eines sicilischen Bischofs Felix an Gregor, über welchen Hinschius S. CVIII zu vergleichen ist. Ausserdem im Constitutum Constantini: et subscriptio imperialis. In der Handschrift Bamberg C. 47 (P. T. 8) ist dieser Vermerk ersetzt durch die in rother Tinte geschriebene Formel: *et propria manu subscribo sic.*

Nach alledem widerspricht die in dem Constititum Constantini enthaltene Notiz: et subscriptio imperialis nicht nur dem fränkischen Urkundenstil, sondern auch dem Usus, der im Frankenreiche bei Copirung byzantinischer und römischer Vorlagen beobachtet wurde.

III. Die Invocation.

Von allen Bestandtheilen des Protokolls macht die Invocation den modernsten Eindruck und daher die grössten Schwierigkeiten. Sie lautet: In nomine sanctae et individuae trinitatis, patris scilicet et filii et spiritus sancti. Die Invocation ἐν ὀνόματι τοῦ πατρὸς καὶ τοῦ υἱοῦ καὶ τοῦ ἁγίου πνεύματος oder in nomine patris et filii et spiritus sancti erscheint seit der Mitte des achten Jahrhunderts in den Urkunden der griechischen Kaiser an Stelle der älteren Invocation: in nomine domini nostri Jesu Christi. Sie drang dann auch in das italische Urkundenwesen ein und wurde von Kaiser Karl dem Grossen übernommen. Seit 833 kam in der Kanzlei Ludwigs des Deutschen die Formel: in nomine sanctae et individuae trinitatis[1]) auf, welche nach 840 auch in den westfränkischen Königsurkunden gebraucht wird, später auch in Privaturkunden eindringt[2]). Die Verbindung beider Invocationen, wie sie das Constitutum aufweist, kann nach Grauert[3]) in officiellen Actenstücken vor dem elften Jahrhundert überhaupt nicht nachgewiesen werden. Grauert schliesst daraus, dass der

[1]) Th. Sickel, Beiträge zur Diplomatik I, Wiener Sitzungsberichte XXXVI 350. Stumpf Reichskanzler I 85 f. Mühlbacher Regesten No. 1314, b. Die langobardischen Königsurkunden, welche diese Invocation haben, sind unecht oder interpolirt. Anton Chroust, Untersuchungen über die langobardischen Königs- und Herzogsurkunden 1888, S. 23 f.

[2]) Würtembergisches Urkundenbuch I 124, No. 108, v. J. 843 gilt neuestens für unecht. Bresslau, Urkundenlehre I 522. Eine ältere Anrufung der Dreieinigkeit, aber in anderer Form, bietet die Privaturkunde Zeuss, Trad. Wizenb. No. 171, p. 158 v. J. 824: in nomine trini et uni dei.

[3]) A. O. S. 61. Die auf den Namen des Desiderius gefälschte Urkunde für Montecassino von angeblich 761, Troya No. 773 hat die Invocation: in nomine summae et individuae trinitatis patris et filii et spiritus sancti (überliefert in dem Reg. Casin. des Petrus Diaconus. Cf. Sickel Acta II 263 zu K. 113). Sie beruht auf der Verbindung mehrerer Urkunden verschiedener Entstehungszeit und ist wohl erst im zwölften Jahrhundert entstanden.

Fälscher seine Invocation aus der Invocation der Urkunden Karls des Kahlen und aus der älteren Invocation der fränkischen Königsurkunden combinirt habe, was dann wiederum ein Indicium sein soll, dass das Constitutum nach 840 im westfränkischen Reiche fabriciert worden sei. Mit Recht entgegnet Weiland, dass unser Quellenmaterial zu lückenhaft sei, um einen solchen Schluss zu gestatten. Er hält den ersten Theil der Invocation für eine freie Erfindung des Fälschers. Das scheint mir bedenklich.

Die Formel: in nomine sanctae et individuae trinitatis braucht der Fälscher nicht gerade aus einer Königsurkunde geschöpft zu haben. Das Protocoll und die Adresse des Constitutums machen vielmehr den Eindruck, dass dafür ein kirchliches Actenstück, vermuthlich die Einleitung römischer Concilsacten benutzt worden sei[4]). Während der byzantinische Kaiser sich sonst nur als fidelis in Christo oder in Jesu Christo bezeichnet, ist im Constitutum, wie schon Grauert bemerkte, ohne diesen Punkt für die Invocation zu verwerthen, jene Formel erweitert zu in Christo Jesu uno ex eadem sancta trinitate salvatore domino deo nostro fidelis. Als Parallelstelle gibt Grauert den Eingang zu den Acten des lateranensischen Concils von 769[5]): in nomine patris et filii et spiritus sancti, regnante (Jesu Christo?) uno et (ex) eadem sancta trinitate cum eodem patre et spiritu sancto per infinita omnia saecula. Hatte der Verfasser den üblichen Kaisertitel durch eine Formel erweitert, welche die Worte ex eadem trinitate enthielt, so lag es nahe, die Trinität auch in der Invocation ausdrücklich zu nennen.

Concilsacten, die mit der Trinitätsformel beginnen, sind schon im siebenten Jahrhundert nachzuweisen.

Concilium Toletanum VII v. J. 646: cum in sanctae nomine trinitatis .. conventus adesset[6]).

Concilium Toletanum XI v. J. 675[7]): in nomine sanctae trinitatis.

Doch fehlt hier das charakteristische Beiwort individua, welches für die Invocation des Constitutums um so mehr ins Gewicht fällt, als im Contexte desselben gemäss dem älteren Sprachgebrauch nur von

---

[4]) Siehe unten die Ausführungen Zeumers.
[5]) Mansi XII 713.
[6]) Mansi X 763.
[7]) Mansi XI 675.

sancta trinitas gesprochen wird. Individua trinitas ist überhaupt in älterer Zeit als sollenne Formel nicht bekannt[8]). Man sagte meistens sancta oder divina oder beata trinitas oder verwendete, wenn man das Wesen der Dreieinigkeit betonen wollte, die Formeln: insepara-bilis, indivisa, indivisibilis, indifferens, coessentialis, consubstantialis, aequalis trinitas. In den älteren Glaubensbekenntnissen sucht man individua trinitas vergebens[9]). Soweit ich das Material übersehen kann, ist für den hier in Betracht kommenden Zeitraum die erste massgebende Fundstelle das 796 unter dem Vorsitze des Patriarchen Paulinus abgehaltene Concilium Forojulianense[10]), welches in der Aus-führung des Glaubensbekenntnisses den Passus enthält:

> Sanctam autem perfectam et inseparabilem et ineffabilem veramque trinitatem i. e. patrem et filium et spiritum sanctum individuam confiteor in unitate naturae.

Der um 802 geschriebene Tractat Alcuins, De fide sanctae et in-dividuae trinitatis[11]) enthält den Ausdruck nicht nur im Titel, sondern auch in der epistola nuncupatoria, wogegen die praefatio mit der Invocation: in nomine sanctae trinitatis beginnt.

Die volle Trinitätsformel, wie sie später in die Invocation der Königsurkunden eintritt, bringt das Aachener Concil von 816[12]), welches den Eingang hat:

---

[8]) Allerdings wird, wie mir Herr Professor Harnack in Marburg freundlichst mittheilt, das Wort individuus für den Ausdruck des trinitarischen Problems ver-wendet. Er verweist mich auf Claudianus Mamertus (ca. 450) De statu animae II, 4: hinc capias orportet indicium illius non pensi ponderis et inmensurabils mensurae et innumerabilis numeri, quae tria simul aequiterna semper *individua* ubique et ubi-cumque tota unus deus sunt; II, 6: omnis anima rationalis tribus individuis, memoria, consilio, voluntate subsistit und darin sei die Seele das Abbild der dreieinigen Gottheit, ferner auf Sedulius, Paschal. Op. lib. I, 29: quia semper (in filio) permanet pater, rerumque omnium caput unus individuae maiestatis est deus. Dagegen ist die formelhafte Anwendung von sancta et individua trinitas nicht nachzuweisen.

[9]) Vgl. A. Hahn, Bibliothek der Symbole und Glaubensregeln der apostolisch-katholischen Kirche 1842 (2. Ausg. 1877).

[10]) Mansi XIII 839. Ueber die Zeitbestimmung vgl. Hefele, Concilienge-schichte III 718.

[11]) Nach Froben bei Migne, Patr. lat. 101, 13.

[12]) Mansi XIV 147. Ueber die Zeitbestimmung vgl. Mühlbacher, Reg. No. 602 a.

> Cum in nomine sanctae et individuae trinitatis . . . Hludo-
> vicus . . convocasset . . . conventum.

Es dünkt mir nicht unwahrscheinlich, dass die Streitigkeiten, welche wegen des Adoptianismus den Ausgang des achten und in der Frage de processione sancti spiritus die Wende des achten und neunten Jahrhunderts erregten, der Anlass wurden, das Wesen der Trinität durch das Prädicat individua stärker zu accentuieren. Eine Erledigung dieser Frage muss ich den Kirchenhistorikern überlassen.

Jedenfalls ist klar, dass der Fälscher den ersten Theil der In-vocation den Acten eines Concils oder irgend einem anderen kirchlichen Schriftstücke entnommen haben kann. Dass er Muster dafür aus dem Ende des achten und dem Anfang des neunten Jahrhunderts vorfinden konnte, ergeben die wenigen angeführten Zeugnisse zur Genüge. Dass der Vater, der Sohn und der heilige Geist neben der Trinität in der Invocation besonders genannt werden, erklärt sich viel leichter, wenn wir annehmen, dass die Invocation des Constitutums noch zu einer Zeit entstand, ehe die Formel in nomine sanctae et in-dividuae trinitatis die herrschende Invocation der Königsurkunden geworden war. Fand der Verfasser die gedachte Formel nur in einem Actenstücke, welches keine Königs- oder Kaiserurkunde war, so mochte er viel eher auf die Idee kommen, die damals noch übliche Invocation der Königs- oder Kaiserurkunden damit in Verbindung zu bringen, als wenn er in den Königsurkunden für den ersten Theil seiner combinirten Invocation und nur für diesen ein Vorbild ge-habt hätte.

IV. Einzelnheiten.

Ein Argument für die fränkische Heimat des Constitutums sieht Grauert in der angeblich specifisch fränkischen Anwendung des Wortes largitas. Es findet sich in jenem Passus der Fälschung, welcher Constantins Güterschenkungen an die von ihm in Rom er-richteten Kirchen anführt.

> (§ 13) . . . et rebus diversis eas (ecclesias) ditavimus et per
> nostras imperialium iussionum sacras tam in oriente quam
> in occidente vel etiam septentrionali et meridiana plaga
> videlicet in Iudea, Grecia, Asia, Thracia, Africa et Italia
> vel diversis insulis nostram largitatem eis concessimus.

2

Largitas stehe hier für Grundbesitz. Zwar brauche schon eine
Constitution des Codex Theodosianus largitas im Sinne kaiserlicher
Landverleihungen[1]); allein diese Constitution sei nicht in den Codex
Justinianus übergegangen; es finde sich daher jene Terminologie zwar
nicht in Italien, aber im fränkischen Rechtsverkehr, wo largitas nicht
bloss die über die Verleihung ausgestellte Urkunde, sondern auch das
verliehene Land bezeichne. Schon Weiland[2]) hat es für einen Trug-
schluss erklärt, wenn Grauert glauben machen wolle, dass jener
Sprachgebrauch in Italien die Zeit der Geltung des Codex Theodosianus nicht überdauert habe. Dass largitas in der angegebenen Bedeutung aus dem Sprachgebrauch des römisch-italischen Rechtsver-
kehrs nicht nachzuweisen sei, könne ein Zufall sein, der sich aus der
äusserst geringen Zahl der erhaltenen Urkunden erklären lasse. Dieser
vorausgesetzte Zufall liegt nicht vor. Largitas bedeutet in Italien
nicht nur die Schenkungsurkunde[3]), sondern der päbstliche Kanzleistil
verwendet das Wort auch um das Besitzthum, den Fiscus des heiligen
Petrus zu bezeichnen. Nur diese Bedeutung ist möglich, wenn der
Pabst in Formel 81 des Liber diurnus einen Unfreien schenkt, indem
er erklärt: ex largitate beati Petri apostolorum principis a praesenti
illa indictione donamus tibi atque largimur puerum . . ex familia
sanctae Romanae . . ecclesiae. Das Wort largitas wird hier in dem-
selben Sinne genommen wie der Plural largitiones bei den Byzantinern,
welche damit einen bestimmten Theil des Fiscus oder den Fiscus
schlechtweg bezeichnen[4]). Auf einen bestimmten Theil des Fiscus,
die kaiserliche Gnadenkasse, bezieht sich der Amtstitel des comes
sacrarum largitionum, der dann schlechtweg den ersten Vorsteher des
Fiscus bezeichnet[5]). Largitiones wird in einer interpolirten Stelle

---

[1]) Cod. Theod. XI, 20, c. 4.: Largitates tam nostrae clementiae quam retro
principum ex eo tempore, quo in bene meritos de re publica conferentur, tenere per-
petem firmitatem praecipimus. Cf. Cod. Theod. VII, 9, 4: militibus nostrae sufficiant
largitates.

[2]) A. O. S. 144.

[3]) Marini No. 83: in ipsa largitatem subscripsit.

[4]) Du Cange-Henschel, Gloss. lat. IV 32. Du Cange, Gloss. med. Graec. voce
λαργιτίωνες. Reiske, Commentar zu Constant. Porphyrogenitus, De cerimoniis
aulae Byzant. Corpus hist. Byz. II 385: vocabulum largitiones primum notabat
thesauros publicos, fiscum, aerarium commune.

[5]) Karlowa, Röm. RG. I 838.

des Codex Just. gebraucht, wo der Codex Theodosianus das Wort Fiscus hat[6]). Die comites largitionum erscheinen auch unter dem Titel comites thesaurorum.

Dass der Fälscher das römisch-byzantinische Hofceremoniell und Ämterwesen genau gekannt habe, setzt. Grauert a. O. S. 77 in gelehrter Ausführung auseinander. Man braucht in der That nur einzelne Kapitel bei Constantinus Porphyrogenitus, De cerimoniis oder Corippus, In laudem Justini nachzulesen um diesen Eindruck zu empfangen. Da finden wir das kaiserliche diadema, das lorum, die chlamys purpurea, die tunica, die sceptra, die conta, signa et banda, die cubicularii, ostiarii, excubitores und stratores. Die Kenntniss dieser Dinge brauchte sich der Fälscher nicht gerade aus Byzanz geholt zu haben; denn der päbstliche Hof hat schon vor der Entstehung des Constitutum Constantini die byzantinischen Einrichtungen vielfach copiert, wozu die zahlreichen Griechen und Syrer, welche im 7. und 8. Jahrhundert auf den römischen Bischofstuhl erhoben wurden, das ihrige beigetragen haben mögen. Die Unwahrscheinlichkeit, dass ein fränkischer Fälscher so gut Bescheid wusste, sucht Grauert durch die Bemerkung abzuschwächen, es habe sich das byzantinische Ceremoniell seit der Erneuerung des abendländischen Kaiserthums am fränkischen Hofe mehr und mehr eingebürgert, namentlich am Hofe Karls des Kahlen besonderer Pflege erfreut[7]).

Grauerts Bemerkung trifft nur für nebensächliche Punkte zu. Was über die fremdländische Tracht und das byzantinische Auftreten Karls des Kahlen berichtet wird, bezieht sich auf die Zeit, als er 876 nach der Kaiserkrönung aus Italien zurückgekehrt war, kommt daher für die Entstehung des Constitutum Constantini, welche Grauert früher ansetzt, nicht mehr in Betracht. Was die Zeit vor 876 betrifft, so lassen im Gegentheil die massgebenden Nachrichten der Fulder Annalen und der Annalen von St. Bertin ersehen, dass Karls des Kahlen fremdländisches Auftreten als eine ungewohnte prahlerische Neuerung empfunden wurde und das fränkische Königthum sich vorher einfacherer, heimischer Sitte bedient hatte[8]).

---

[6]) Cod. Just. VII, 62, 21: triginta auri pondo cogatur largitionibus nostris inferre, wo es im Cod. Theod. XI, 30, 25 heisst: fisco inferre.

[7]) A. O. IV 60.

[8]) Annales Fuldenses zu 876: Karolus rex de Italia in Galliam rediens *novos*

Allerdings findet am fränkischen Hofe der merowingischen und der karolingischen Zeit sich manches, was byzantinischen Einrichtungen entspricht. Allein das Constitutum Constantini setzt Gebräuche voraus und verwendet technische Ausdrücke, von welchen sich nachweisen lässt, dass sie dem fränkischen Hof- und Rechtsleben fremd waren.

Pabst Silvester erhielt von Constantin ausser den übrigen kaiserlichen Gewändern die chlamys purpurea. Der Purpur ist so sehr Attribut des spätrömischen Kaiserthums, dass der Zutritt zum Kaiser in nachdiocletianischer Zeit als sacram purpuram adorare, attingere, muricem adorare bezeichnet wird[9]). Zwar wird schon von Chlodovech erzählt, dass er, als Anastasius ihm den Consultitel verliehen hatte, in purpurner Chlamys (tunica blattea indutus et clamide) erschienen sei[10]). Allein dies war ein aussergewöhnlicher Fall, der als solcher erwähnt wird. Von Karl dem Grossen berichtet uns Einhard[11]), dass er sich der heimischen Tracht bediente, die genau genug beschrieben wird, um den Gedanken auszuschliessen, dass er eine Chlamys getragen habe. Fremde Tracht habe Karl verschmäht. Nur zweimal habe er in Rom, das eine Mal auf Bitten des Pabstes Hadrian, das zweite Mal auf Bitten des Pabstes Leo eine Chlamys getragen. Aus fränkischem Ceremoniell kann also die purpurne Chlamys, welche Silvester nach der Fälschung erhielt, jedenfalls nicht erklärt werden.

Unter den dem Pabste bewilligten Insignien erscheinen auch conta atque signa, banda. Contus oder contum Speerstange, Speer ($\varkappa o\nu\tau\acute{o}\varsigma$) ist eine griechische Bezeichnung. Grauert[12]) kann sie bei abendländischen Schriftstellern nur aus Paulus, Hist. Langob. nachweisen. Im langobardischen und römischen Italien ist das Eindringen des Wortes durch byzantinische Einflüsse begreiflich. Den Franken war es schlechterdings fremd. Ein fränkischer Fälscher würde den Speer,

---

et *insolitos* habitus assumpsisse perhibetur; nam talari dalmatica indutus et baltheo desuper accinctus pendente usque ad pedes, necnon capite involuto serico velamine ac diademate desuper imposito dominicis festisque diebus ad aecclesiam procedere solebat. *Omnem enim consuetudinem regum Francorum contempnens*, graecas glorias optimas arbitrabatur. . .

[9]) Cod. Theod. VIII 7, 16; VI, 24, 3. Vgl. Corippus, In laudem Justini II 118.

[10]) Greg. Tur. Hist. Franc. II, 38.

[11]) Vita Karoli c. 23.

[12]) A. O. S. 90.

der sich übrigens unter den Insignien der Karolinger nicht nachweisen lässt, sicherlich nicht contus oder contum, sondern lancea genannt haben.

Auch die signa et banda sind byzantinisch und spätrömisch aber
nicht fränkisch. Im Liber Pontificalis werden sie mehrmals[13]), ebenso
in einem Briefe Hadrians an Karl den Grossen[14]) erwähnt. Das
Wort βάνδον kennt schon Prokop[15]). Auch Paulus führt es in der
Hist. Lang. als einen Ausdruck für vexillum an[16]). Bei Constantinus
Porphyrogenitus[17]) finden wir τὰ σκεύη τῶν δρακοναρίων[18]), λάβουρα
τε καὶ καρπηδηκτόρια μετὰ καὶ τῶν βάνδων. Auch die Westgothen
kannten signa bandorum[19]). Das Wort bandum ist durch gothischen
Einfluss in den griechischen und italischen Sprachschatz einge-
drungen. Im römischen Italien bezeichnete man auch die Truppenab-
theilung, den alten numerus, als bandus[20]), eine Ausdrucksweise, die
gleichfalls den Byzantinern geläufig war[21]). Bei den Franken kommt
bandum in der Bedeutung von vexillum nicht vor.

Von den cubicularii[22]), ostiarii[23]) und excubitores sind zwar die

---

[13]) Liber Pontificalis ed. Duchesne I, 372 in der Vita des Sergius: ut nec
signa nec banda cum militia Romani exercitus occurrissent. Ferner bei der Ein-
holung Leos III. durch die Römer in der schon von Grauert S. 80, Anm. 1 citirten
Stelle, Liber pontificalis, ed. Vignolius II 250.

[14]) Codex Carol ep. 80, Jaffé IV 261, Grauert a. O.

[15]) De bello Vand. c. 2: τὸ σημεῖον, ὁ δὴ βάνδον καλοῦσι Ῥωμαῖοι.

[16]) Hist. Lang. I, 20: vexillum quod bandum vocant, ein Missverständniss der
origo gentis Langobardorum, wo von uando, Handschuh, die Rede ist.

[17]) De cerimoniis I, 1, p. 11, al. 20 f. Vgl. Reiske's Comment. S. 81 f.

[18]) Die milites draconarii des ordo Romanus (Grauert S. 79) können, weil
signiferi, kaum zur Erklärung der im Constitutum genannten imperiales praesedentes
equites verwendet werden. Diese scheinen eine Schutzgarde gewesen zu sein, etwa
den kaiserlichen protectores domestici der schola equitum entsprechend. Die schola
peditum, die es noch zur Zeit Justins und Justinians gab, scheint später hinwegge-
fallen zu sein. Siehe Z. f. RG. germ. Abth. IX 218.

[19]) Dahn, Könige der Germanen VI 351.

[20]) Siehe die Stelle bei Marini, Pap. dipl. p. 325.

[21]) Du Cange-Henschel I 563 col. c.

[22]) Vgl. Liber Pontificalis cap. 47, Duchesne I 239: hic (Leo) constituit super
sepulchra apostolorum custodes qui dicuntur cubicularii ... Ein päbstlicher cubicu-
larius in Codex Carol. ep. 51, Jaffé, Bibl. IV 173, ep. 54, S. 180.

[23]) Für das päbstliche Rom zufällig erst aus späteren Quellen zu belegen.
Döllinger, Pabstfabeln S. 73.

beiden ersten auch im Frankenreiche, dagegen die excubitores nur in Byzanz und in Rom nachzuweisen. In Byzanz bildeten die excubitores jedenfalls schon vor der Zeit Justins I. ein unter dem comes excubitorum stehendes Corps, welches die Functionen der Palastpolizei versah und den scholares palatini entgegengesetzt wurde[24]). Auch die Päbste hatten excubitores. Einen excubitor Gregors I. nennt ein Brief des Kaisers Mauricius[25]). In fränkischen Quellen ist zwar gelegentlich von excubiae[26]) die Rede. Aber excubitores hat es am fränkischen Hofe nicht gegeben. Die königlichen Leibwächter der karolingischen Zeit hiessen satellites.

Auf verschiedene der päbstlichen Kanzleisprache eigenthümliche, der fränkischen fremdartige Ausdrücke, wie censura als Bezeichnung der Schenkungsurkunde, synclitus für senatus, sowie auf die Gräcismen der Latinität ist schon von Anderen aufmerksam gemacht worden[27]). Jenen Ausdrücken ist das Wort constitutum anzureihen, mit welchem die constantinische Schenkung sich an zwei Stellen des Textes bezeichnet. Im päbstlich-römischen Sprachgebrauch ist constitutum von Alters her heimisch. Der Liber pontificalis braucht es häufig statt decretum[29]). Dagegen war es im fränkischen Reiche nicht üblich. Ein fränkischer Fälscher würde sicherlich die Form constitutio gewählt haben[30]).

---

[24]) Constantinus Porphyrogenitus, De cerim. I, c. 93.

[25]) Registr. Gregor. I 22.

[26]) In der form. Alsatica 27, Zeumer S. 336 sogar von excubiae palatinae. Der Verfasser des Briefes, ein Geistlicher, nämlich Prudentius, Bischof von Troyes, schreibt: vix tandem a palatinis excubiis, quibus diu inservire coactus sum, absolutus .. An einen excubitor im römisch-byzantinischen Sinne ist hier natürlich nicht zu denken.

[27]) Grauert a. O. S. 86 ff.

[28]) Firma imperiali censura per hanc nostram divalem sacram et pragmaticam constitutum decernimus . — .. contestamus per hoc imperialem constitutum.

[29]) Duchesne in der Einleitung zum Liber pont. I, p. CXXVIII.

[30]) Einer besonderen Untersuchung wären die sprachlichen Formen des Constitutums werth. Herr Professor Bresslau schreibt mir darüber u. A. Folgendes: Terrenus imperii dignitas für terreni (Grauert S. 28, Z. 2) und professum statt professus (S. 21, Z. 19) lassen eher auf einen italienischen als auf einen fränkischen Schreiber schliessen. Denn in Frankreich, wo das auslautende s bis zum 12. Jahrhundert gesprochen wurde, pflegen Verwechselungen des Nom. Sing. der zweiten Declination mit anderen nicht auf s endigenden Casus nicht vorzukommen. Vgl.

V. Die Entstehungszeit.

Nach Grauert ist das Constitutum zwischen 840 und 850 in St. Denis geschmiedet worden. Weiland begrenzt die Abfassungszeit durch die Jahre 813 und circa 840. Vermuthlich sei es nicht vor 816 entstanden. Nach Martens[1]) wurde es nach 805 entweder noch zu Lebzeiten Karls oder während der ersten Regierungsjahre Ludwigs I. abgefasst. Döllinger versetzt die Entstehung in das achte Jahrhundert und zwar in die Jahre zwischen 752 und 777, J. Langen[2]) in die Zeit kurz vor 778.

Um die Controverse ihrer Lösung näher zu bringen, wird man zu unterscheiden haben, wann die Fabel von der constantinischen Schenkung entstanden und wann das Constitutum Constantini in seine uns vorliegende Form gegossen worden sei.

Um zunächst die zweite Frage ins Auge zu fassen, so finden Grauert und Weiland den terminus ad quem in der vermuthlichen Abfassungszeit der pseudoisidorischen Decretalen, welche das Constitutum bereits enthalten. Allein Pseudoisidor ist nicht die älteste Fundstelle der Fälschung. In vorpseudoisidorische Zeit reicht vermuthlich der Text der Kanonensammlung der Colbert'schen Handschrift, Cod. Par. 1455 (früher Colbertinus 3368) hinauf[3]). Derselbe schöpft aus älteren Sammlungen, fügt aber zum Schlusse eine wohl unechte Decretale Gelasius des ersten[4]) und das Constitutum Constantini an, also zwei Stücke, die sich in Pseudoisidor finden. Allein der Text des Constitutums, welchen die Colbert'sche Handschrift enthält, weicht von den pseudoisidorischen Texten, soweit

Sittl, Archiv f. lat. Lexicographie II 557 ff. Das scheine denn doch dafür zu sprechen, dass der Text der Collectio S. Dionysii (vgl. unten S. 20) als Abschrift einer italienischen Vorlage durch einen westfränkischen Schreiber anzusehen sei.

[1]) Die römische Frage unter Pippin und Karl dem Grossen 1881, S. 328 ff.

[2]) Entstehung und Tendenz der constantinischen Schenkungsurkunde, in v. Sybels Histor. Z. 1883, L 413 ff.

[3]) Vgl. darüber Maassen, Bibliotheca latina iuris canonici manuscripta I, 2 S. 195 ff. Maassen Geschichte der Quellen und der Literatur des canonischen Rechts I 536 ff.

[4]) Das Decretum de libris recipiendis et non recipiendis. Vgl. Friedrich, über die Unechtheit der Decretale de recipiendis etc. in den Münchener Sitzungsberichten 1888, S. 54 ff.

sie die vorhandenen Ausgaben übersehen lassen, in wesentlichen Einzelnheiten ab[5]) und zwar so, dass er sich als ein besserer und älterer Text darstellt. Herr Dr. E. Sackur war so freundlich in Paris den Text der Colbert'schen Handschrift zu collationiren. Diese Collation wird Herr Dr. Zeumer in seiner Publication des ältesten Textes der constantinischen Schenkung verwerthen. Da er sich aus diesem Anlasse auch über die Colbert'sche Handschrift äussern wird, soll seinen Ausführungen hier nicht vorgegriffen werden.

Jedenfalls älter als Pseudoisidor ist die Formelsammlung von Saint Denis. Sie bringt das Constitutum als Nummer 11 zwischen einem Briefe des Pabstes Zacharias und einem Schreiben Stefans II. von 757, welches quarto Kalend. Marcias imperante domno piissimo augusto Constantino a Deo coronato magno imperatore datiert ist. Vermuthlich hat diese Datierung, die sich auf Constantinus Copronymus bezieht, dem Compilator den Anlass geboten, das Constitutum Constantini unmittelbar vorher einzureihen[6]). Den anfänglichen Kern der Collectio St. Dionysii bilden Urkunden und Briefe, deren Ursprung auf Tours hinweist. Ihnen ist dann in St. Denis eine Anzahl von Stücken hinzugefügt worden, welche dem achten, z. Th. auch dem Anfang des neunten Jahrhunderts angehören, darunter solche, die an die Aebte Fulrad, Maginar und Fardulf von St. Denis (793—806) gerichtet sind. Nummer 24 ist jedenfalls nach 800 geschrieben, weil sie des Kaisers erwähnt. Nummer 17 stammt, wie Zeumer vermuthet, vom Jahre 810. Dieser Bestand der Formelsammlung macht es wahrscheinlich, dass das Constitutum noch zu einer Zeit entstand, welche den jüngsten Stücken ziemlich nahe steht. Sie über das zweite Decennium des 9. Jahrhunderts herabzurücken, ist durch die Einreihung in die Collectio St. Dionysii nahezu ausgeschlossen. Inhalt und Form der Fälschung bieten nichts, was uns veranlassen könnte auf ein jüngeres Alter derselben zu schliessen.

Weiland gewinnt das Jahr 813 als terminus a quo aus den eigenthümlichen Beziehungen, welche er zwischen einer Stelle des Constitutums und der Geschichte der abendländischen Kaiserkrönung

---

[5]) In solchen, in welchen er häufig mit dem Texte der Collectio S. Dionysii übereinstimmt. Wo er sich von diesen unterscheidet, nähert er sich den pseudoisidorischen Texten.

[6]) Zeumer, Form. S. 494.

geltend macht. Unabhängig von Weiland war ich gleichfalls auf diesen Zusammenhang aufmerksam geworden, gelange aber wenigstens zum Theil zu etwas abweichendem Ergebniss.

Das Constitutum erwähnt die Kaiserkrone Constantins an zwei Stellen. Zuerst heisst es, Constantin habe dem Silvester diademam videlicet coronam capitis nostri simulque frigium etc. verliehen. Nachdem dann von anderen Ehrenrechten des Pabstes die Rede war, ferner von solchen des römischen Clerus, welche wohl in der Tendenz erwähnt werden, gewisse von den römischen Clerikern eifersüchtig gewahrte Aeusserlichkeiten im Verhältniss zu dem übrigen italischen Clerus zu monopolisiren, nachdem ferner dem Pabste das Recht verliehen worden, gewisse Personen in den Clerus aufzunehmen[7]), lässt die Fälschung den Kaiser sagen, er habe bestimmt, dass Pabst Silvester und seine Nachfolger diademam videlicet coronam, quam ex capite nostro illi concessimus, ex auro purissimo et gemmis pretiosis uti debeant. Pabst Silvester habe aber über der Tonsur, der corona clericatus, keine goldene Krone tragen wollen. Der Kaiser habe ihm dann eigenhändig eine Mitra (frigium) aufgesetzt und ihm den Dienst des strator geleistet. Der ganze Passus ist in der That höchst auffällig. Was in aller Welt mag sich der Fälscher gedacht haben, als er die Bestimmung aufnahm, dass der Pabst Constantins Krone tragen solle, während er den Kaiser zugleich bemerken lässt, dass der Pabst sie nicht tragen wolle? Sein Gedankengang wird erklärlich, wenn der Pabst inzwischen durch Erneuerung des abendländischen Kaiserthums einen Stellvertreter gefunden hat, dem er Constantins Kaiserkrone auf das Haupt setzt. Minder verfänglich ist die erste Erwähnung des Diadems. Es wird da nur neben den übrigen Insignien der kaiserlichen Gewalt erwähnt und kann sehr wohl nur aufgenommen worden sein, um den Gedanken zur concreten Darstellung zu bringen, dass die Würde des Pabstes der kaiserlichen Würde gleichgestellt worden sei. Dabei kam nichts darauf an, dass der Pabst das Diadem nicht trug. Er bediente sich ja ebenso wenig des Scepters und der Lanze[8]), ohne dass der Fälscher es für nöthig hielt dies zu bemerken.

---

[7]) Näheres darüber unten S. 30 ff.
[8]) Grauert S. 80.

Die Geschichte der abendländischen Krönungen ermangelte bis in die neueste Zeit der vollen Klarheit, weil man sie allzuhäufig mit der Salbung confundirte, eine Verwirrung, von der sich Weiland in anerkennenswerther Weise freigehalten hat. Die Salbung auf altjüdisches Vorbild zurückgehend ist kirchlichen Ursprungs und von Hause aus ein Monopol der Geistlichkeit. Die Krönung stammt aus Byzanz. Sie kommt daselbst in einer kirchlichen und in einer rein weltlichen Form vor. Entweder krönt nämlich der Patriarch von Constantinopel den Kaiser oder aber der Kaiser selbst krönt zum Mitregenten und Nachfolger. Eine Krönung durch die Hand des Patriarchen lässt sich zuerst im Jahre 457 bei Leo I. nachweisen. Nachmals wurde u. A. Justin 519 vom Patriarchen, dann 525 vom römischen Pabste gekrönt. Wie bereits Maskell[9]) und Döllinger[10]) bemerkten, war eine Salbung mit der kirchlichen Krönung nicht verbunden. Den deutlichen Beweis liefern die Schilderungen des byzantinischen Krönungsactes bei Corippus, In laudem Justini und bei Constantinus Porphyrogenitus, De cerimoniis I, 91 ff.

Unbeachtet blieb bisher als massgebendes Vorbild fränkischer Vorgänge der weltliche Krönungsact der Byzantiner, welcher gleichfalls ohne Salbung erfolgte. Constantinus Porphyrogenitus beginnt, nachdem er die Krönung des Anastasius durch den Patriarchen, dann die nach gleichem Ritus erfolgte Krönung Justins behandelt hatte, in I, 94 ein neues Kapitel mit den Worten: $\dot{\alpha}\nu\alpha\gamma\varkappa\alpha\tilde{\iota}o\nu$ $\dot{\varepsilon}\nu o\mu\iota\sigma\alpha\mu\varepsilon\nu$ $\varepsilon\dot{\iota}\pi\varepsilon\tilde{\iota}\nu$, $\ddot{o}\pi\omega\varsigma$ $\varkappa\alpha\dot{\iota}$ $\beta\alpha\sigma\iota\lambda\varepsilon\dot{\upsilon}\varsigma$ $\dot{\upsilon}\pi\dot{o}$ $\beta\alpha\sigma\iota\lambda\dot{\varepsilon}\omega\varsigma$ $\gamma\dot{\iota}\nu\varepsilon\tau\alpha\iota$. Er schildert dann, wie Leo I. 473 seinen Enkel den jüngeren Leo krönte und wie Justinian von Justin die Krone empfing. In II, 27 wird dann noch erzählt, wie Heraclius seinen Sohn vom Cäsar zum $\beta\alpha\sigma\iota\lambda\varepsilon\dot{\upsilon}\varsigma$ erhob. Von Tiberius wissen wir aus anderer Quelle, dass er kurz vor seinem Tode 582 den Mauricius krönte[11]).

Pippin ist als der erste Frankenkönig gesalbt worden. Von einer Krönung Pippins wird nichts berichtet. Die erste sicher bezeugte Krönung eines Karolingers ist die Kaiserkrönung Karls des Grossen. Was von Krönungen seiner Söhne aus dem Jahre 781 erzählt wird, stammt aus Nachrichten des neunten Jahrhunderts, welche die Krö-

---

[9]) Monumenta ritualia ecclesiae anglicanae II, p. IV.
[10]) Kaiserthum Karls des Grossen, Münchener historisches Jahrb. VI 363.
[11]) Ranke, Weltgeschichte IV, 2, S. 154.

nung bereits als einen mit der Salbung selbstverständlich verbundenen Act betrachten.

Karls Kaiserkrönung richtete sich nach dem kirchlichen Vorbilde der byzantinischen Krönung. Leo III. setzte Karl dem Grossen die Krone auf. Dann wurde Karl als Augustus a Deo coronatus magnus et pacificus imperator Romanorum ausgerufen [12]), vom Pabste als Kaiser begrüsst und adorirt. Erst nach Abschluss der Krönungshandlung fand die Salbung statt, so dass Karl der Grosse genau genommen als Kaiser aber nicht zum Kaiser gesalbt worden ist.

Bekanntlich war Karl der Grosse durch die Krönung in der Peterskirche überrascht worden. Es ist nicht unwahrscheinlich, dass Karl, in dessen gelehrter Umgebung der Gedanke seiner kaiserlichen Stellung zuerst auftauchte, die Kaiserwürde, wäre ihm der Pabst nicht zuvorgekommen, einerseits in minder kirchlicher Form angenommen, andrerseits wohl auch eine Auseinandersetzung mit Byzanz versucht hätte. Zunächst betrachtete Karl sein Kaiserthum nur als eine persönliche Würde; er ignorirte es vollständig in der Divisio von 806. Nachdem er dann 812 eine Anerkennung seines Kaisertitels durch den oströmischen Kaiser erlangt hatte, erhob er 813 am 11. September seinen Sohn Ludwig I. zum Kaiser. Die Krönung erfolgte als ein weltlicher Act. Karl griff sonach von den Vorbildern der Kaiserkrönung, welche das byzantinische Ceremoniell darbot, nicht das kirchliche, sondern das weltliche Vorbild heraus, ein Ereigniss, welches ein Wendepunkt zu werden drohte in der Geschichte des abendländischen Kaiserthums. Denn wurde die weltliche Krönung typisch, so war es vergeblich gewesen, dass Leo III. Karl den Grossen meuchlings zum Kaiser gekrönt hatte. Das war um so ärgerlicher, als der gefährlichste Concurrent des Pabstes, der Patriarch von Constantinopel, den oströmischen Kaiser krönte und wie das Pabstbuch meldete [13]), Pabst Johann I. den Kaiser Justin wenigstens nachträglich gekrönt hatte. Unter solchen Umständen kam alles darauf an die weltliche Krönung von 813 durch eine kirchliche zu übertrumpfen.

Im October 816 wurde Ludwig I. zu Rheims von Pabst Stephan IV.

---

[12]) A Deo coronatus ist typischer Titel der oströmischen Kaiser. So heisst auch schon Constantin im Liber diurnus.

[13]) Liber pontificalis ed. Duchesne I 275.

gekrönt[14]). Es war die erste abendländische Kaiserkrönung, welcher die kirchliche Salbung vorausging[15]). Es war zugleich eine eigenthümlich qualificirte Krönung. Denn Ludwig empfing damals eine Krone, von welcher zwei Quellen übereinstimmend berichten, dass der Pabst sie über die Alpen mitgebracht habe. Coronam auream, quam secum adportaverat, heisst es bei Thegan[16]), posuit super caput eius. Das Chronicon Moissiacense, welches hier wahrscheinlich auf einen verlorenen Theil der Annales Laureshamenses zurückgeht[17]), sagt: imposuit illi coronam auream quam attulerat in capite. Wenn der Pabst sein Reisegepäck von Rom aus mit einer Krone beschwerte, so muss das wohl eine ganz besondere Krone gewesen sein. Es war eine Krone, die als die eigentliche Kaiserkrone gelten sollte. Der sogen. Astronomus erzählt denn auch, Ludwig sei imperiali diademate gekrönt worden[18]). Und Ermoldus Nigellus sagt vom Pabste, wo er die Krönung von 816 beschreibt: tum iubet adferri gemmis auroque coronam, quae Constantini caesaris ante fuit, eine Stelle, welche für die Entstehungszeit des Constitutums um so mehr ins Gewicht fällt, als auch ein anderer Passus bei Ermoldus dessen Bekanntschaft mit dem wesentlichen Inhalt jener Fälschung vorauszusetzen scheint. Wo Ermoldus aus Anlass der Taufe Haralds die Wandmalereien der Ingelheimer Pfalz darstellt, erzählt er, es sei u. A. abgebildet:

Constantinus uti Romam dimittit amore,
Constantinopolim construit ipse sibi[19]).

Ob diese Nachricht auf eigener Anschauung Ermolds beruht[20]) oder dichterische Erfindung desselben ist, kann dahingestellt bleiben.

---

[14]) Mühlbacher, Regesten 613 a.

[15]) Theganus, Vita Hludowici c. 17: consecravit eum et *uncxit eum ad imperatorem* et coronam auream cum praetiosissimis gemmis ornatam, quam secum adportaverat, posuit super caput eius.

[16]) Vita Hludowici c. 17.

[17]) Wattenbach, Deutschlands Geschichtsquellen I, 5. A. S. 194.

[18]) Vita Hlud. c. 26. Auch Einhards Annalen sagen z. J. 816, die Krönung sei erfolgt cum diadematis impositione, während es daselbst z. J. 800 in Bezug auf Karl nur heisst: coronam capiti eius imposuit.

[19]) In honorem Hludowici IV 271, Dümmler, Poetae latini II 66. Vgl. Simson, Jahrb. d. fränkischen Reiches unter Ludwig dem Frommen I 257.

[20]) Von der Ingelheimer Pfalz sagt Einhard, Vita Karoli c. 17, dass Karl sie zu bauen begonnen habe. Die Gemälde mögen, wenigstens zum Theil, so diejenigen, welche Karls Thaten betreffen, später entstanden sein.

Jedenfalls ist das Wort amore unerklärlich, wenn man nicht die Fabel des Constitutums zu Hülfe nimmt, dass Constantin sich des Pabstes wegen eine neue Hauptstadt gebaut habe, quoniam ubi principatus sacerdotum et christianae religionis caput ab imperatore celeste constitutum est, iustum non est, ut illic imperator terrenus habeat potestatem. Mit Recht hat daher Dümmler das Wort amore durch die Anmerkung: scilicet Silvestri pontificis, erklärt.

Weiland rechnet stark mit der Möglichkeit, dass das Constitutum erst nach 816 in Folge der Ereignisse dieses Jahres geschmiedet worden sei. Ich halte es für wahrscheinlicher, dass sie das Dasein der Fälschung voraussetzen. · Wenn der Pabst die Krone, mit der er Ludwigs Krönung vollzog, über die Alpen brachte, muss er von vorneherein mit der Prätension aufgetreten sein, im Besitz der wahren Kaiserkrone zu sein. Um dieser Meinung Glauben zu schaffen, mag zwischen 813 und 816 das Constitutum nach Westfrancien eingeschmuggelt worden sein und daraus dürfte es sich auch erklären, dass die uns bekannte älteste Ueberlieferung auf das westfränkische Reich zurückgeht.

Im weiteren Verlaufe des neunten Jahrhunderts hatte man in Rom keinen dringenden Anlass mehr das Constitutum in den Vordergrund zu stellen und den Besitz der constantinischen Kaiserkrone zu betonen. Die Krönung von 816 hat zunächst nur insofern ihre Dienste gethan, als auch Lothar, der 817 von seinem Vater gekrönt worden war, nachträglich, nämlich im Jahre 823, die päbstliche Salbung und Krönung empfing. Erst um die Mitte des neunten Jahrhunderts macht sich die bezeichnende Wendung geltend, welche die Creation des Kaisers in den päbstlichen Weiheact verlegt. Als der constitutive Act gilt aber vorerst nicht die Krönung, sondern die Salbung, bei welcher der Pabst keine Concurrenz der kaiserlichen Väter zu besorgen hatte. Ludwig II., der 850 vom Pabste gesalbt worden war, sagt in dem bekannten Schreiben an den oströmischen Kaiser Basilius, Kaiser heissen diejenigen, die von dem römischen Pontifex mit dem heiligen Oele gesalbt worden seien. Noch in den Acten der Synode von Ponthion 876 gilt die Salbung als der die Kaiserwürde begründende Act[21]. Erst in der nachfränkischen Zeit fällt der rechtliche Schwer-

---

[21] Pertz, LL. I 533 (confirmatio Cisalpinorum). Cf. LL. I 529.

punkt des Weiheactes in die Krönung durch die Hand des Pabstes, während die ihr vorausgehende Salbung von einem Cardinal vollzogen wird. Wäre das Constitutum, wie Weiland für möglich hält, Grauert als sicher annimmt, kurz vor der Mitte des neunten Jahrhunderts entstanden, so passt es herzlich schlecht in jene Entwicklung hinein, welche die Verleihung der Kaiserwürde in den Act der Salbung verlegt. Die Stelle über die constantinische Krone hätte dann keinen rechten Sinn, sei es, dass sie einen bestehenden Rechtszustand etwa fixiren oder ein Recht des Pabstes auf Vollziehung der Kaiserkrönung schaffen oder bestärken wollte.

Weiland macht darauf aufmerksam[22]), dass Ludwig I. dem Pabste das officium stratoris geleistet zu haben scheine, weil die Vita Hludowici des sogen. Astronomus berichtet: descendentem equo excepit et ecclesiam intrantem manu propria sustentavit. Wenn dem so war, so ist es wiederum wahrscheinlicher, dass das Constitutum darauf berechnet war, diesen Dienst, den schon Pippin dem Pabst geleistet hatte, dem Kaiser nahezulegen, als dass ein strebsamer Geist des Laterans erst hinterher den Dienst von 816 verwerthet habe, indem er ihn auf Constantin zurückführte.

Ein beachtenswerthes Moment hat Martens[23]) für die Entstehungszeit des Constitutums beigebracht. Eine Stelle desselben gewährt dem Pabste das Recht, weltliche Personen ex nostra, des Kaisers, synclitu in den Stand der Cleriker aufzunehmen. Es war ein althergebrachter Grundsatz des fränkischen Staatsrechts, dass die Genehmigung des Königs oder seines Beamten erforderlich sei, um sich durch den Eintritt in den Dienst der Kirche den öffentlichen Lasten und Leistungen zu entziehen[24]). Karl der Grosse hat diese Vorschrift durch das Capitulare missorum von Diedenhofen im Jahre 805 aufs neue eingeschärft: De liberis hominibus, qui ad servitium Dei se tradere volent, ut prius hoc non faciant, quam a nobis licentiam postulent[25]). Das Verbot trat auch in Italien in Kraft,

---

[22]) A. O. S. 209 ff.

[23]) A. O. S. 346.

[24]) Marculf I, 19 bietet uns das Formular des Präceptums, durch welches der König diese Erlaubniss gewährte. Im Uebrigen siehe E. Loening, Kirchenrecht II 158 ff.

[25]) Cap. I 125, c. 15.

wie dessen Aufnahme in das Capitulare Langobardorum und in den Liber Papiensis beweist[26]). Im westfränkischen Reiche kam es jedenfalls seit der Mitte des neunten Jahrhunderts ausser Geltung. In einem Schreiben an Karl den Kahlen v. J. 868 behauptet Hinkmar von Rheims mit Dreistigkeit, Karl der Grosse habe es selbst noch aufgehoben[27]). Das Capitular von Kiersy[28]) setzt 877 die Entbehrlichkeit der königlichen Erlaubniss zum Eintritt in den geistlichen Stand voraus.

Das römische Recht hatte eine staatliche Beschränkung des Eintritts in den Clerus nur hinsichtlich der Curialen gekannt. Grauerts[29]) Versuch, die erwähnte Stelle des Constitutums daraus zu erklären, ist verfehlt. Die gedachte Beschränkung ist nicht in den Codex Justinianus aufgenommen worden, kommt sonach für Italien nicht in Betracht. Im fränkischen Reiche war sie von vorneherein bedeutungslos, da ja jeder Freie der Erlaubniss des Königs oder seines Beamten bedurfte, um in den Clerus einzutreten. Zudem hatte das Amt der Curialen im neunten Jahrhundert schon längst seine Bedeutung verloren[30]). Schliesslich wird man an die Curialen, die Staatsheloten des spätrömischen Reiches, am allerwenigsten zu denken haben, wo von Personen ex synclitu augusti die Rede ist.

Bezieht sich der Passus des Constitutums auf einen Grundsatz des fränkischen Reichsrechtes, so kann er erst entstanden sein zu einer Zeit, da die Herrschaft des fränkischen Königs sich auf Italien mit Einschluss des römischen Gebietes erstreckte. Allerdings halte ich es mit Grauert für unwahrscheinlich, dass man in Rom den Eintritt in den geistlichen Stand von vorgängiger Genehmigung des Kaisers oder Königs abhängig gemacht habe. Allein das Constitutum spricht nur, was sowohl Martens als Grauert übersehen, von Personen ex synclitu des Augustus. Synclitus ist soviel wie senatus. Das Wort

---

[26]) Karl 120.

[27]) E. Loening Kirchenrecht II 171, Anm. 1.

[28]) Pertz LL. I 539, c. 10: si aliquis ex fidelibus nostris post obitum nostrum Dei et nostro amore compunctus seculo renuntiare voluerit, et filium vel talem propinquum habuerit, qui rei publicae prodesse valeat, suos honores, prout melius voluerit, ei valeat placitare...

[29]) A. O. S. 74 f.

[30]) Vgl. Brunner, RG. d. Urk. I 144, Anm. 7.

senatus fasst aber im achten und neunten Jahrhundert Roms die geistlichen und weltlichen Optimaten zusammen[31]). Bei dem synclitus des fränkischen Königs ist, da für die vorliegende Frage nur weltliche Optimaten in Betracht kommen, an die höheren Beamten und Vassallen zu denken. Vassallen oder Beamte des fränkischen Königs, sei es nun fränkischen oder langobardischen Ursprungs in den Clerus aufzunehmen, konnte der Pabst sehr wohl in die Lage kommen. Sich in dieser Beziehung unabhängig zu stellen von der Zustimmung des fränkischen Königs war ein nicht unwichtiges Interesse der Curie, welches in dem besagten Passus der Fälschung seinen Ausdruck fand. Praktische Bedeutung konnte die angebliche Concession erst haben, seit Karl der Grosse nach Unterwerfung des Langobardenreiches zuerst als Patricius, dann als Kaiser im römischen Gebiete Regierungsrechte auszuüben begann, so dass sein Arm diejenigen hätte erreichen können, die ohne seine Erlaubniss sich vom Pabst hatten in den Clerus aufnehmen lassen. Ein Anlass aber, die Concession Constantins für sich als bindend anzusehen, konnte für den fränkischen König erst gegeben sein, nachdem er durch die Kaiserkrönung des Jahres 800 der Nachfolger Constantins geworden war. Zieht man nun noch in Betracht, dass Karl im Jahre 805 das allgemeine Verbot sich durch Eintritt in den Clerus den öffentlichen Pflichten zu entziehen aufs neue eingeschärft hat, so wird man es zwar nicht für so unbedingt sicher, wie Martens glaubt, aber doch für sehr wahrscheinlich halten müssen, dass die Fälschung in der uns vorliegenden Form nach 805 entstanden sei.

Ist es begründet, dass die Bestimmungen des Constitutums über die constantinische Kaiserkrone mit der Geschichte der abendländischen Kaiserkrönung zusammenhängen, so ist der September des Jahres 813 als terminus a quo gegeben und haben wir in jenen Angaben die Reaction der päbstlichen Kreise gegen den weltlichen Act der Kaiserkrönung zu erblicken. Dass die Invocation in nomine sanctae et individuae trinitatis kaum vor dem Anfang des neunten Jahrhunderts componirt worden sein kann, dürften die Ausführungen oben S. 14 ff ergeben. Nach alledem kann es als wahrscheinlich hingestellt werden, dass das Constitutum die uns überlieferte Fassung

---

[31]) Döllinger, Pabstfabeln S. 73.

zwischen dem September des Jahres 813 und dem October des Jahres 816 erhielt.

Die Fabel der constantinischen Schenkung reicht aber jedenfalls noch in das achte Jahrhundert zurück. Nicht ohne Grund beruft man sich auf einen Brief Hadrians I. an Karl den Grossen von 778[32]). Hadrian fordert den König auf, das Versprechen zu erfüllen, welches dieser dem heiligen Petrus gegeben habe. Et sicut temporibus beati Silvestri Romani pontificis a sanctae recordationis piissimo Constantino magno imperatore per eius largitatem sancta Dei catholica et apostolica Romana ecclesia elevata atque exaltata est *et potestatem in his Hesperiae partibus largiri dignatus*, so möge sie auch durch Karl, den neuen Constantinus, erhöht werden. Grauert will aus der Stelle nur herauslesen, Constantin habe dem Pabste Silvester Macht und Ansehen in Italien verliehen. Nach der Vita Silvestri des Liber pontificalis habe Constantin die einzelnen Kirchen Roms mit zahlreichen Patrimonien in verschiedenen Theilen Italiens dotirt. Daraus und aus einer mündlichen Tradition über die Anfänge des Kirchenstaates sei die Hadrian'sche Aeusserung über die potestas in his Hesperiae partibus ohne Schwierigkeit zu erklären. Gegen diese Argumentation hat schon Georg Kaufmann Einsprache erhoben, der mit Döllinger annimmt, dass die constantinische Schenkung bereits 778 in Rom bekannt war.

Grauert beruft sich auf die Fortsetzung des Hadrian'schen Schreibens. Daselbst sei die Rede von Einzelschenkungen, welche verschiedene Kaiser und Patricier dem päbstlichen Stuhle in Tuscien, in Spoleto und anderwärts gemacht hätten. Wäre der Pabst durch Constantin Herrscher in ganz Italien geworden, so wäre es ungereimt, von späteren Einzelschenkungen in Italien zu sprechen. Diesem Gedankengang liegt eine Confundirung der Hoheitsrechte und der Eigenthumsrechte an einzelnen Gütern oder Patrimonien zu Grunde[33]), eine Unterscheidung, die sowohl in dem Constitutum als auch in dem Briefe Hadrians deutlich hervortritt. Wenn Constantin dem Silvester die Herrschaft über das Abendland oder auch nur über Italien zuwendete, so machte er ihn damit nicht zum Privateigenthümer dieser Gebiete.

---

[32]) Epistola 61 des Codex Carolinus.
[33]) Wie schon Weiland a. O. S. 186, Anm. 5 bemerkt hat.

Und wenn er römischen Kirchen kaiserliche Güter in Iudea, Grecia, Asia, Thracia, Africa et Italia schenkte, so verlieh er damit keine Hoheitsrechte. Ebenso sondert Hadrian einerseits die Verleihung der potestas in his Hesperiae partibus, welche durch Constantin geschah und andererseits die Schenkungen der Patrimonien, welche früher oder später erfolgten.

Meines Erachtens geht aus der Epistel Hadrians zum mindesten hervor, dass eine etwa der Sylvesterlegende analoge erzählende Quelle vorhanden war, welche von der Schenkung Constantins berichtete, Hadrian bekannt war und von dem Verfasser des Constitutums benutzt worden ist. Ob etwa die constantinische Schenkung schon damals urkundliche Form erhalten hatte und später zum Zweck ihrer Verwerthung im fränkischen Reiche überarbeitet und interpolirt[34]) wurde, muss ich hier dahingestellt sein lassen.

Bleiben somit hinsichtlich der Entstehungszeit noch manche Zweifel und Bedenken übrig, so darf dagegen die Frage des Entstehungsortes nunmehr wohl für erledigt gelten. Das Constitutum Constantini ist in Rom fabricirt worden.

In der deutschen Geschichtschreibung und Geschichtsforschung wird es Modeton, die Fälschungen des Mittelalters möglichst milde zu beurtheilen. Die Moral des Mittelalters sei eben verschieden gewesen von der Moral unserer Zeit. Das Fälschen von Rechtstiteln sei ein allen geläufiges Hülfsmittel gewesen, über das man nicht entfernt so streng dachte wie heutzutage. So eine Stimme aus evangelischen Kreisen, Georg Kaufmann in seiner trefflichen Besprechung der Grauert'schen Schrift. Um den sittlichen Massstab zu gewinnen, den die Vergangenheit an das Verbrechen der Urkundenfälschung anlegte, dürfte es wohl das einfachste sein, sich die Strafe zu vergegenwärtigen, welche nach dem damals geltenden Rechte ein Gericht hätte aussprechen müssen, wenn der Verfasser des Constitutum Constantini vor ihm als Fälscher entlarvt worden wäre. In Rom wäre er nach einer Constitution Constantins von 320, Cod. Just. IX, 22, ad legem

---

[34]) Etwa durch den ganzen Passus: Pre omnibus autem licentiam tribuentes bei Grauert S. 27, Z. 1 bis uti in processionibus S. 27, letzte Zeile.

Corneliam de falsis, c. 22 der Todesstrafe verfallen. Nach langobar-
dischem Rechte[35]) und nach fränkischem Reichsrechte[36]) wäre ihm
wegen der Urkundenfälschung die Hand abgehauen worden, falls man
ihn nicht mit Rücksicht auf Tendenz und Inhalt des Machwerkes
wegen Infidelität mit dem Tode bestraft hätte. In Anbetracht dieser
Rechtssätze dürften wir es nicht nöthig haben, unser sittliches Urtheil
aus dem Geiste der Vergangenheit heraus zu corrigiren[37]).

---

[35]) Rothari 243.

[36]) Cap. Kar. Magni a. 803—813, c. 2, I 143: si inventus fuerit quis cartam
falsam fecisse ... manum perdat aut redimat.

[37]) Gelesen in der königl. Preussischen Akademie der Wissenschaften am
31. Mai 1888.

II.

Der älteste Text

des

Constitutum Constantini.

Von

Karl Zeumer.

Bei der erhöhten Theilnahme, welche gerade in jüngster Zeit die Forscher der Entstehung der gefälschten Constantinischen Schenkungsurkunde zugewandt haben, schien eine zuverlässige Ausgabe des ältesten Textes der Urkunde in hohem Grade wünschenswerth.

Die Ausgabe in Hinschius' Decretales Pseudo-Isidorianae S. 249 ff. konnte den ältesten Text nicht bieten, weil dieselbe eben nur die Pseudo-Isidorische Fassung geben wollte und konnte. Der Abdruck bei Martens, Die römische Frage S. 328 ff. genügt noch weniger; er beruht auf einer Mischung des von Hinschius gegebenen Textes mit dem der späten Trierer Handschrift.

Eine Ausgabe des ältesten Textes nach Codex Parisiensis Lat. 2777 unter Berücksichtigung der anderen Textformen hat dann H. Grauert in seiner Abhandlung, Die Konstantinische Schenkung[1]), gegeben. Dass es ihm nicht gelungen ist, einen befriedigenden Text herzustellen, ist nicht seine Schuld. Grauert hatte eine Abschrift der Urkunde nach der genannten Handschrift von Herrn François Delaborde in Paris erhalten und seinem Texte zu Grunde gelegt. Eine Vergleichung, welche ich gelegentlich der Herausgabe der Formeln jener Handschrift vornahm, ergab, dass die Abschrift Delaborde's, deren genaue Wiedergabe durch H. Grauert nicht zu bezweifeln ist, selbst mässigen Ansprüchen nicht genügt, geschweige denn den Erwartungen entspricht, welche man auf eine diplomatisch getreue Copie aus der Hand eines Mitglieds der École des chartes zu setzen berechtigt ist[2]).

---

[1]) Vgl. oben S. 4.

[2]) Um dieses vielleicht hart erscheinende Urtheil zu begründen, führe ich die bedeutenderen Lesefehler des Delaborde'schen Textes hier an. Dieselben sind um so auffälliger, als sie meist merkwürdige Abweichungen vom sonst überlieferten Texte, ohne dass die Handschrift dazu Anlass böte, darstellen. Delaborde liest also

Zufällig fand ich später Gelegenheit die Handschrift noch einmal zu vergleichen und erhielt so einen Text nach der ältesten Handschrift, welchen ich mit gutem Gewissen als zuverlässig ansehen konnte. Die Absicht, denselben in einem anderen Zusammenhange zu publizieren, gab ich auf, als mir Herr Geheimrath Brunner Mittheilung von seinen Studien über das Constitutum machte. Wir kamen überein, dass ich den Text als Beilage zu Brunner's Abhandlung bearbeiten sollte.

Da es für Abhandlung und Ausgabe erwünscht schien, auch den Text des Constitutum in der sog. Colbert'schen Sammlung, welche früher für die älteste Fundstelle der Urkunde galt, zu besitzen, so richtete ich an Herrn Dr. Ernst Sackur, der sich zur Zeit in Paris aufhielt, die Bitte, eine Vergleichung meines Textes mit jener Handschrift zu besorgen. Der Freundlichkeit, womit dieser Herr meiner Bitte nachkam, verdanken wir die genaue Kenntniss des unbedingt zweitwichtigsten Textes.

Ausser diesen beiden Texten verwerthe ich das von Hinschius und Grauert in ihren Ausgaben mitgetheilte Material.

Das gesammte Textmaterial lässt sich in 3 verschiedene Classen zerlegen:

----

§ 2: virorum statt vestrum (in der Hs. die nicht unbekannte Abkürzung $\overline{urm}$)

§ 3: ope tua st. perpetua (ppetua trotz der Beschädigung deutlich zu lesen) — creatas (mit sic! in der Ausgabe) st. creata $\overline{s}$ (= creata sunt, wie der Text erfordert) — unificatorem st. vivificatorem.

§ 4: adimplens se st. adimplesse — ... dexteram st. ad dexteram.

§ 7: superstitione st. superstitutione.

§ 8: figuratos ipsis imaginibus st. figuratos in ipsis imaginibus.

§ 10: per preceptum st. post perceptum.

§ 11: saniori st. sanitati (obwohl die Handschrift hier nicht ganz deutlich ist, liegt kein Grund zu der abweichenden Lesart D's. vor) — filii st. filius.

§ 12: orbi st. orbe — quaecunque st. quaeque — lex sanctae st. lex sancta — sanctorum legum st. sanctarum l. (Druckfehler?)

§ 13: et baptis[terium] st. cum baptis[terio] — eis fundamentis st. eius (in der Hs. immer eīs) fundamentis — chosmos st. chofinos (von Grauert vermuthet; deutlich in der Hs.) — .... et ecclesias st. itaque et eclesias — et ibi st. ubi et. — Die im Texte bei Grauert als zerstört eingeklammerten Worte: aureis confiximus stehen deutlich in der Hs. am Anfang von fol. 52 verso.

§ 15: precellentiam st. procellentiam — et nostra synclitu st. ex nostra s.

§ 20: post eum st. per eum. — Die Worte atque feliciter und ac beatissimi fehlen bei Delaborde, stehen aber in der Hs.

A. Texte, welche ausser Zusammenhang mit Pseudo-Isidor überliefert sind;

B. Texte, welche der umfangreicheren Pseudo-Isidor-Recension
(Hinschius: A 1) angehören;

C. Texte, welche in der kürzeren Pseudo-Isidor-Recension
(Hinschius: A 2) überliefert sind.

Benutzt habe ich für die Ausgabe von der ersten Classe 3 Texte:

A 1. Codex Paris. Lat. 2777, saec. IX (ineuntis?) nach eigener
Collation.

A 2. Codex Paris. Lat. 1455 (Colbertinus 3368), saec. IX (?)
(Maassen, Gesch. der Quellen u. Litteratur des canon. Rechts I, S. 536:
saec. X) nach Dr. Sackur's Vergleichung.

A 3. Erster Text des Codex Bamberg. C. 47 (P. I. 8), saec. X—XI,
nach Grauert (Bb 1); vgl. dessen Konstant. Schenk., S. 14 f.

Von der zweiten Classe konnte ich 2 Texte benutzen:

B 1. Codex Paris. Suppl. Lat. 840, saec. X nach Hinschius, der
diese Handschrift seinem Texte zu Grunde legt.

B 2. Codex³) bibliothecae civitatis Trevirensis LXXI, saec. XII.
nach Floss, Die Pabstwahl unter den Ottonen (Freiburg, 1858), Urkunden S. 9 ff.

Von der dritten Classe führe ich an:

C 1. Codex Paris. Lat. 4280 A A., saec. X. Diese Handschrift
ist von Hinschius an erster Stelle unter den Handschriften der kürzeren
Recension aufgeführt. Deshalb mag sie auch hier an erster Stelle
genannt sein, obwohl Varianten aus ihr nicht zu Gebote standen.

C 2. Zweiter Text des Codex Bamberg. C 47 (P. I. 8), saec. X—XI,
nach Grauert und Hinschius.

C 3. Codex Sangallensis 670, saec. X.

C 4. Codex Darmstadensis 114, saec. XI.

C 5. Codex Lucensis No. 123, Plut. II, saec. XI.

Die drei letztgenannten Texte nach den bei Hinschius mitge-
theilten Varianten.

³) Ueber die Handschrift vgl. Floss a. O. S. 70 ff. Diesen Text habe ich nur
vermuthungsweise und zögernd hier eingereiht. Obwohl das Constitutum in der
Handschrift ausser Zusammenhang mit Pseudo-Isidor überliefert ist, so schien mir
doch die Verwandtschaft des Textes mit B 1, welche an verschiedenen Stellen hervortritt, dafür zu sprechen, dass derselbe aus Pseudo-Isidor entnommen ist. Vielfach
freilich zeigt der Text auch besondere Uebereinstimmung mit A 3.

Ausserdem hat Grauert noch in seiner Ausgabe die Lesarten der in den verschiedenen Concilienausgaben enthaltenen Texte des Constitutum gesammelt. Da eine neue Durcharbeitung dieser Texte für die älteste Form der Urkunde kaum etwas von Belang ergeben haben dürfte, habe ich mich damit begnügt, eine Auswahl der von Grauert daraus angeführten Varianten einfach zu wiederholen. Dabei sind die Concilientexte insgesammt mit D bezeichnet, die einzelnen Sammlungen, wo nöthig, durch zugefügte Zahlen unterschieden, Merlin als D 1, Crabbe als D 2, Surius als D 3, Binius als D 4, Labbé als D 5, Mansi als D 6.

Nur über die A-Texte habe ich noch im Einzelnen etwas zu bemerken.

Der als A 1 bezeichnete Text findet sich in der von mir in den Monumenta Germaniae hist., Formulae p. 492 ff. theilweise herausgegebenen Brief- und Formelsammlung von St. Denis, (Collectio Sancti Dionysii) und zwar nach meiner Zählung als No. 11 (a. O. p. 503)[4]. Der Text ist stellenweise durch Beschädigung der Handschrift zerstört. Die durch diesen Umstand in dem Texte A 1 entstandenen kleinen Lücken im Einzelnen regelmässig ausdrücklich zu bezeichnen, habe ich nicht für erforderlich gehalten, zumal dieselben aus dem Grauert'schen Texte erkennbar sind. Wenn ich hier und da ein paar Buchstaben mehr, an anderen Stellen einige weniger, als nach jenem Texte sichtbar sein sollen, gelesen habe, so trägt das wenig aus; zumal ich eine stärkere Abweichung in Bezug auf die Begrenzung der Lücken oben, S. 40, Anm., angeführt habe. Wo der Text durch die sonstige Überlieferung hinlänglich gesichert schien, habe ich also die Lücken in A 1 unbeachtet gelassen, anderenfalls das dort fehlende in eckigen Klammern notiert.

---

[4] Ich will nicht unterlassen hier darauf hinzuweisen, dass sich das Constitutum in dieser Sammlung inmitten des bis No. 15 oder 16 reichenden Theiles findet, der noch unter Abt Maginarius (— 793) abgeschlossen zu sein scheint, wenigstens kein datierbares Stück enthält, welches später anzusetzen sein würde; während der folgende Theil Stücke aus der Amtszeit der Nachfolger des Maginarius enthält. Für unmöglich halte ich trotzdem die spätere Hinzufügung des Constitutum in den früheren Theil nicht, und ich selbst habe eine oben (S. 24) von Brunner acceptirte Erklärung für die Einreihung grade an dieser Stelle versucht. Dennoch dürfte die Stellung in der Sammlung von St. Denis in der Discussion über die Entstehungszeit nicht genügend berücksichtigt sein.

Der A 2-Text wurde früher mit Bestimmtheit als vor Pseudo-Isidor entstanden erklärt. Das blosse Vorhandensein in der Colbert-schen Handschrift würde für diese Annahme nicht zeugen. Die Handschrift enthält in ihrem ersten, hier allein in Frage kommenden Theile eine Canonensammlung, welche nach Maassen a. O. S. 536 ff. aus der Sammlung von St. Blasien und der sog. Quesnell'schen Sammlung zusammengesetzt ist. Beide Sammlungen sind allerdings älter als Pseudo-Isidor; doch würde das für die Entstehung der Compilation nichts beweisen. Dass unser Stück nicht einmal dieser Compilation ursprünglich angehörte, zeigt der aus Maassen's Beschreibung erhellende Umstand, dass dasselbe mit anderen vorhergehenden Stücken im Inhaltsverzeichniss nicht mehr aufgeführt und nicht numeriert ist.

Eine Mittheilung von Herrn Dr. Sackur ergiebt nun, dass das Constitutum mit dem unmittelbar vorhergehenden, wahrscheinlich ebenfalls gefälschten und in die Pseudo-Isidorische Sammlung aufgenommenen Decretale des Gelasius: De libris recipiendis et non recipiendis erst in der vorliegenden Handschrift selbst der Sammlung angefügt ist, denn diese Stücke sind danach von einer anderen Hand als alles Vorhergehende geschrieben, und zwar von einer „überaus kleinen und zierlichen", also charakteristisch von der des vorhergehenden Theiles verschiedenen.

Könnte demnach das Constitutum der handschriftlichen Überlieferung nach hier recht wohl aus Pseudo-Isidor entnommen sein, so spricht dagegen doch die Beschaffenheit des Textes. Wenigstens zeigt derselbe von dem bei Hinschius gebotenen erhebliche Verschiedenheiten, während er sich dem Texte A 1 annähert.

Ebensowenig wie bei diesem, möchte ich bei Text A 3 die Herkunft aus Pseudo-Isidor annehmen. In der Handschrift ist er nur äusserlich mit einem Pseudo-Isidortexte, mit dem er weder in Format noch Schrift übereinstimmt, verbunden. Vgl. Grauerts Beschreibung S. 14 f.

Der Text der folgenden Ausgabe stützt sich in erster Linie auf den von A 1, der, wo es nöthig war, meist aus A 2, selten aus einem anderen Texte verbessert ist[5]).

---

[5]) In der Orthographie bin ich nicht immer A 1 gefolgt, sondern habe eine mehr gleichmässige Schreibart, soweit die Ueberlieferung das gestattete, durchgeführt. Auch solche Abweichungen von A 1 sind regelmässig in der Note angegeben; nur die in dieser Handschrift besonders häufige Vertauschung von e, ae und ę und von ae, oe und e habe ich nicht in jedem einzelnen Falle besonders notiert.

Den griechischen Text konnte ich für die Herstellung der Ausgabe, nachdem Döllinger, Pabstfabeln S. 3 und Grauert a. a. O. IV., S. 2 dargelegt haben, dass derselbe nur eine spätere Übersetzung des lateinischen ist, bei Seite lassen.

Der überlieferte lateinische Text zeigt nun in allen Handschriften, trotz der zahlreichen Abweichungen im Einzelnen, im Grossen und Ganzen eine solche Übereinstimmung, dass wir verschiedene Redaktionen nicht unterscheiden können. Denn, wenn die kürzere Form des Pseudo-Isidor nur die erste Hälfte der Urkunde bietet, so kann in dieser Verkürzung eine besondere Redaktion nicht erblickt werden. Die Urkunde ist hier eben nur zur Hälfte abgeschrieben.

Namentlich aber ist für den Nachweis von Interpolationen, wie Brunner sie aus inneren Gründen für möglich hält, in der handschriftlichen Überlieferung kein Anhalt gegeben. Den von Brunner hervorgehobenen Passus von pre omnibus autem in § 15 bis § 16 zu Ende haben alle Handschriften, welche den zweiten Theil überhaupt enthalten. Die inneren Gründe aber erschienen mir, obwohl ich das, was namentlich für die Annahme einer Interpolation in § 16 zu sprechen scheint, nicht verkenne[6]), doch nicht durchschlagend genug zu sein, um die vermuthete Interpolation auch in der Ausgabe als solche zu kennzeichnen.

In Bezug auf eine Äusserlichkeit ist zu bemerken, dass ich durch Eintheilung in 20 Absätze (§§) die Urkunde leichter citierbar zu machen versucht habe. Die Rubriken aber und die Capiteleintheilung,

---

[6]) In der letzten Bestimmung des § 15 möchte ich nicht mit Martens und Brunner (siehe oben S. 30 f.) eine Beziehung auf den Satz des fränkischen Reichsrechts, wonach der Eintritt in den Clerus von der königlichen Genehmigung abhängig war, erblicken. Dem Pabst wird in dem § 15 vom Kaiser die Vollmacht ertheilt, wen er wolle ex synclitu nostro, d. h. aus dem Senate, zum Cleriker zu machen und in den römischen Cardinalklerus aufzunehmen: nullum ex omnibus presumentem superbe agere. Dieser letzte Satz dürfte eher auf anmassliches Eindrängen der vornehmen Römer in den Cardinalklerus, als auf eine vom fränkischen Könige aus zu befürchtende Hinderung in dem Recht, Personen aus dessen Umgebung in den geistlichen Stand aufzunehmen, deuten. Die Stelle würde nach meiner Auffassung bedeuten, dass der Pabst allein nach seinem eigenen Willen und Ermessen Personen aus dem römischen Adel in den Cardinalklerus aufzunehmen befugt sein soll. Dass hier synclitus noster ebenso wie vorher amplissimus noster senatus sich auf die römischen Optimaten bezieht, scheint mir sicher.

welche der kürzeren Pseudo-Isidorform eigen und in derselben auch auf unsere Urkunde, soweit sie darin enthalten, ausgedehnt sind, habe ich, als lediglich dieser Redaktion der Sammlung angehörig, unberücksichtigt gelassen.

Für die Herstellung des Textes war die Frage nach den Quellen des Constitutum nicht ohne Bedeutung. Was Martens, Grauert und Brunner an Quellenmaterial beigebracht haben, ist von mir an den einschlägigen Stellen berücksichtigt. Einige kleine Nachträge zu jenen Nachweisen möchte ich hier anfügen.

Im Glaubensbekenntniss finden sich zunächst bemerkenswerthe Anklänge an das Glaubensbekenntniss eines römischen Concils von 680, welches Pabst Agatho und die versammelten Bischöfe dem damaligen Kaiser Constantinus in einem Schreiben mittheilen (Jaffé, Reg. pontif. No. 2110 [1625]). Das Bekenntniss ist, wie die übrigen alten Symbole, gedruckt bei Hahn, Bibliothek der Symbole und Glaubensregeln der alten Kirche (2. Ausg.), S. 181 ff. Schon der Eingang: Credentes in Deum patrem omnipotentem, factorem coeli et terrae visibilium omnium et invisibilium — entspricht dem Anfang des Bekenntnisses Constantins § 3: Credentes in Deum u. s. w., sogar in Bezug auf die Partizipialconstruction. Fast ebenso, doch mit der Veränderung: Credimus in unum Deum — beginnt auch das Symbolum Constantinopolitanum I. in der Übersetzung des Dionysius exiguus, Hahn, S. 83. Sonst habe ich hier so genau entsprechende Stücke nicht gefunden. In dem Bekenntniss von 680 findet sich auch das „una potestas", was im Eingang des § 4 des Constitutum steht. Mit den Worten in § 4 des Constitutum: Deum perfectum et hominem perfectum, ut Deus mirabilia perficiens, ut homo humanas passiones sustinens. Ita verum hominem miraculis choruscavit .... vergleiche man die Stelle jenes Synodalschreibens S. 183: verbo operante quod verbi est, et carne exequente quod carnis est, quorum unum coruscat miraculis, aliud succumbit iniuriis .... utpote perfectum Deum et perfectum hominem. Vgl. hierzu das Symbolum Quicumque und das Bekenntniss der Mailänder Synode von 680, Hahn, S. 96, 181. Der biblische Satz: cuius regni non erit finis, der am Ende von § 4 steht, findet sich ebenfalls in dem römischen Bekenntniss, Hahn, S. 182 und begegnet sonst in den Symbolen keineswegs so häufig, als man annehmen sollte. Ich finde ihn ausserdem nur noch im Symbolum Constantinopolitanum I, Hahn, S. 83 und in dem Bekenntniss der Mailänder Synode, S. 181.

Neben dem Bekenntniss dieser römischen Synode zeigt noch ein anderes, wahrscheinlich römisches Bekenntniss, welches dem Damasus zugeschrieben wird, die auffallendste Übereinstimmung mit dem, welches der Fälscher Constantin in den Mund legt. Es heisst in der 1. und 3. Form jenes Bekenntnisses, Hahn, S. 206 u. 209, ziemlich übereinstimmend: propter nostram salutem descendisse de coelo — et natum de Spiritu sancto ex Maria virgine. Verbum caro factum non amisit quod erat, sed coepit esse, quod non erat, und weiter: Ita verum hominem, verum Deum, unum eundemque verum hominem et verum Deum intelligimus, ita ut verum Deum verum hominem fuisse nullo modo ambigamus confitendum; hunc eundem dominum nostrum Jesum Christum adimplesse legem et prophetas, passum . . . crucifixum, secundum scripturas tertia die a mortuis resurrexisse, assumtum in coelos (coelis), sedere ad dexteram patris, inde venturum iudicare vivos et mortuos. Beide Stellen finden wir in § 4 des Constitutum fast wörtlich wieder. Zu der letzteren hat auch schon Grauert eine Parallelstelle beigebracht.

Noch auf einen, soviel ich sehe, bis jetzt übersehenen Punkt möchte ich hinweisen. Das Constitutum lässt Constantin in der Erzählung von seiner Bekehrung den Pabst Sylvester als inluminator noster bezeichnen. Grauert bemerkt S. 67, dass dies ein Zusatz der Urkunde gegenüber der hier sonst als Quelle dienenden Sylvesterlegende sei. Nun enthält der Codex Carolinus in No. 42 der Ausgabe Jaffé's ein Schreiben Pauls I. an König Pippin aus der Zeit von 762 bis 767, worin der Pabst dem Könige für die Schenkung des Klosters auf dem Berge Serapte, wie hier der Soracte, entsprechend den besten Handschriften des Constitutum und dem Texte der Sylvesterlegende bei Mombritius, genannt wird, seinen Dank ausspricht. Er theilt dem Könige zugleich mit, dass er das Kloster dem römischen Kloster SS. Stephan und Sylvester unterstellt habe, und zwar, weil der dort begrabene Silvester auf dem Soracte einst Zuflucht gefunden habe. Hierbei heisst es: beatus *Silvester* christianorum *inluminator* fidei pridem (ibidem?) *persecutionem* paganorum *fugiens* conversatus est. In dem Constitutum § 7 sagt der Apostel dem Constantin: *Silvester* — ad montem Seraptem *persecutiones* tuas *fugiens* in cavernis petrarum — latebram fovet, und gleich darauf nennt Constantin den Silvester „inluminator noster" (§ 8 im Anfang). Sollte nicht bei der Abfassung des Pabstbriefes diese Stelle der Urkunde vorgelegen haben?

Ich lasse nunmehr den Text folgen.

EXEMPLAR CONSTITVTI DOMNI CONSTANTINI IMPERATORIS.*)

In nomine sanctae et individuae Trinitatis, Patris scilicet et Filii **1** et Spiritus sancti. Imperator Caesar Flavius Constantinus in Christo Jesu, uno ex eadem sancta Trinitate salvatore domino Deo nostro, fidelis, mansuetus, maximus, beneficus, Alamannicus, Gothicus, Sar-
5 maticus, Germanicus, Brittannicus, Hunicus, pius, felix, victor ac triumphator, semper augustus, sanctissimo ac beatissimo patri patrum Silvestrio, urbis Romae episcopo et pape, atque omnibus eius successoribus, qui in sede beati Petri usque in finem saeculi sessuri sunt, pontificibus, nec non et omnibus reverentissimis et Deo ama-
10 bilibus catholicis episcopis, eidem sacrosanctae Romanae ecclesiae per hanc nostram imperialem constitutionem subiectis in universo orbe terrarum, nunc et in posteris cunctis retro temporibus constitutis, gratia, pax, caritas, gaudium, longanimitas, misericordia, a Deo patre omnipotente et Jesu Christo filio eius et Spiritu sancto cum om-
15 nibus vobis.

Ea quae salvator et redemptor noster dominus Jesus Christus, **2**

---

*) EXEMPLAR — IMP.] *so die Überschrift in A 2 u. entsprechend in C 2 im Titelverzeichniss zu Pseudo-Isidor (vgl. Hinschius p. 13)*: XXXI. Tituli exemplar constituti domini Constantini imperatoris. *Im Pseudo-Isidor-Texte selbst ist* constituti *ausgefallen*: Incipit exemplar domni Constantini imperatoris *B 1*; Privilegium sanctae Romanae ecclesiae a Constantino Magno imperatore *A 3*; Epistola Constantini imperatoris ad Silvestrum papam *C 3*; Edictum domini Constantini imperatoris *D; die Überschrift fehlt gänzlich in A 1.*

4. maximus *fehlt C 4. D.* | Alemannicus *B 1. 2.* | Gotthicus *A 1.* | Goticus *B 1.* | 5. Britannicus *B 1.* | Hunnicus *C 4*; Unicus *B 1. D.* | 7. Silvestrio] *so A 1. 2*; Silvestro *die übrigen.* | 9. sunt] erunt *A 1.* | 10. eccl. Rom. *A 2.* | 16. dom. deus *A 1*; d. noster *B 1.*

altissimi Patris filius, per suos sanctos apostolos Petrum et Paulum, interveniente patre nostro Silvestrio summo pontifice et universali papa, mirabiliter operari dignatus est, liquida enarratione per huius
20 nostrae imperialis institutionis paginam ad agnitionem omnium populorum in universo orbe terrarum nostra studuit propagare mansuetissima serenitas. Primum quidem fidem nostram, quam a prelato beatissimo patre et oratore nostro Silvestrio universali pontifice edocti sumus, intima cordis confessione ad instruendas omnium vestrum mentes pro-
25 ferentes et ita demum misericordiam Dei super nos diffusam adnuntiantes.

Nosse enim vos volumus, sicut per anteriorem nostram sacram **3** pragmaticam iussionem significavimus, nos a culturis idolorum, simulacris mutis et surdis manufactis, diabolicis compositionibus atque ab omni-
30 bus Satanae pompis recessisse et ad integram Christianorum fidem, quae est vera lux et vita perpetua, pervenisse, credentes, iuxta id quod nos isdem almificus summus pater et doctor noster Silvester instruit pontifex, in Deum patrem, omnipotentem factorem caeli et terrae, visibilium omnium et invisibilium, et in Jesum Christum, filium eius uni-
35 cum, dominum Deum nostrum, per quem creata sunt omnia, et in Spiritum sanctum, dominum et vivificatorem universae creaturae. Hos Patrem et Filium et Spiritum sanctum confitemur, ita ut in Trinitate perfecta et plenitudo sit divinitatis et unitas potestatis. Pater Deus, Filius Deus et Spiritus sanctus Deus, et tres unum sunt in
40 Jesu Christo.

Tres itaque formae, sed una potestas. Nam sapiens retro semper **4** Deus edidit ex se, per quod semper erant gignenda secula, verbum, et quando eodem solo suae sapientiae verbo universam ex nihilo formavit creaturam, cum eo erat, cuncta suo arcano componens mysterio.

---

17. apost. *fehlt A 3.* | 18. pontifici *B 1.* | papę *A 1.* | 19. narratione *A 1.* *D 1.* | 20. agnitionem] cognitionem *D*; imaginem *C 3. 4.* | 21. propagari *A 1.* | 23. Silvestrio] *so A 1. 2*; Silvestro *die übrigen.* | docti *B 1. D.* | Dei mis. *A 3. B 1.* *C. D.* | 32. instruxit *A 3. B 1. D.* | 35. Deum] *so A 1. 2; fehlt in den übrigen.* | cr. s. om.] omnia facta sunt *C 3. 4.* | 36. Hos] Hoc est *B 2. C 3*; Nos *A 2. C 2. 4. 5.* | 40. Christo Jesu *A 2.* | 41. Nam — verbum] *in C 3 ursprünglich:* Nam Deus semper sapiens edidit ex semper quod Deus semper gignenda saecula verbum, *von späterer Hand verbessert:* N. D. s. s. e. ex se per quod semper erat gignenda ad saecula verbum. | retro *fehlt A 3. B 2. C 4.* | 42. quod semper *fehlt in C 4.* | erat *A 1.* | 43. form.] creavit *A 3.* | 44. creatura *A 1.* | archana *B 1.*

45 Igitur perfectis caelorum virtutibus et universis terrae materiis, pio
sapientiae suae nutu ad imaginem et similitudinem suam primum de
limo terrae fingens hominem, hunc in paradyso posuit voluptatis;
quem antiquus serpens et hostis invidens, diabolus, per amarissimum
ligni vetiti gustum exulem ab eisdem efficit gaudiis, eoque expulso,
50 non desinit sua venenosa multis modis protelare iacula, ut a via
veritatis humanum abstrahens genus idolorum culturae, videlicet
creaturae et non creatori deservire suadeat, quatenus per hos eos,
quos suis valuerit inretire insidiis secum aeterno efficiat concremandos
supplicio. Sed Deus noster, misertus plasmae suae, dirigens sanctos
55 suos prophetas, per quos lumen futurae vitae, adventum videlicet filii
sui, domini Dei et salvatoris nostri Jesu Christi, adnuntians, misit
eundem unigenitum suum filium et sapientiae verbum. Qui descendens
de celis propter nostram salutem natus de Spiritu sancto et Maria
virgine, verbum caro factum est et habitavit in nobis. Non amisit,
60 quod fuerat, sed coepit esse, quod non erat, Deum perfectum et hominem perfectum, ut Deus mirabilia perficiens, ut homo humanas
passiones sustinens. Ita verum hominem et verum Deum, predicante
patre nostro Silvestrio summo pontifice, intelligimus, ut verum Deum
verum hominem fuisse nullo modo ambigamus; electisque duodecim
65 apostolis, miraculis coram eis et inumerabilis populi multitudine choruscavit. Confitemur eundem dominum Jesum Christum adimplesse
legem et prophetas, passum, crucifixum, secundum scripturas tertia die
a mortuis resurrexisse, adsumptum in celis atque sedentem ad dexteram
Patris, inde venturum iudicare vivos et mortuos, cuius regni non
70 erit finis.

46. de] inde *B 1.* | 47. volup.] voluntatis *B 1.* | 48. quem] cui *B 2. D 2 ff. in
der Note.* | 49. vetitum *B 1.* | effecit *A 3. B 1;* fecit *D.* | 50. desinet *A 1;* desivit
D 2 ff. | protelari *A 1.* | 51. adtrahens *B 1.* | 52. per hos] hos *irrtümlich für* hoc
A 1. 2. 3. B 1; also wohl schon im ältesten Texte; os *C 2;* os *von späterer Hand
corrigiert* hoc *C 3;* hoc *B 2. D 2 ff.* | 52. eos] eis *C 2.* | 53. valuerit] voluerit *B 1;*
potuerit *C 4.* | efficiat] *so A 1. 3. B 2. C 2. 3. 4. D 1;* afficiat *A 2. B 1. u. a.* | plasmatis
sui *B 2. D.* | 55. adventum] adveritum *A 1.* | 58. et] et *A 2. B. C. D.* | 60. homi-
neum *A 1.* | 62. verum h. et verum] verbum h. et verbum *B 1. D.* | Deum] domini
B 1. | 63. predicante — verum Deum *fehlt C 3.* | Silvestrio] *so A 1. 2;* Silvestro
die übrigen. | 65. choruscavit] *so A 1. B 1;* coruscavit *die übrigen.* | 66. dominum] *so
A 1;* Deum nostrum *fügen hinzu C 2. 3. 4,* nostrum *B 2;* Deum *die übrigen.* | adimplesse] *so
A. 1. 2. 3. D;* et implesse *B 1. 2. C 2.* | 68. celos *A 2.* | in dex ad d. *A 1.* | Dei patris *A 3.* |
69. regni] *so A 1;* imperio *A 2. B 1. C 2;* imperio *corrigiert* imperii *C 3;* imperii *A 3. B 2. D.*

Haec est enim fides nostra orthodoxa a beatissimo patre nostro 5
Silvestrio summo pontifice nobis prolata; exhortantes idcirco omnem
populum et diversas gentium nationes hanc fidem tenere, colere ac
predicare et in sanctae Trinitatis nomine baptismi gratiam consequi et
75 dominum Jesum Christum salvatorem nostrum, qui cum Patre et
Spiritu sancto per infinita vivit et regnat saecula, quem Silvester,
beatissimus pater noster universalis predicat pontifex, corde de-
voto adorare.

Ipse enim dominus Deus noster, misertus mihi peccatori, misit 6
80 sanctos suos apostolos ad visitandum nos, et lumen sui splendoris in-
fulsit nobis et abstracto a tenebris ad veram lucem et agnitionem
veritatis me pervenisse gratulamini. Nam dum valida squaloris lepra
totam mei corporis invasisset carnem, et multorum medicorum con-
venientium cura adhiberetur, nec unius quidem promerui saluti, ad
85 haec advenerunt sacerdotes Capitolii, dicentes mihi debere fieri fontem
in Capitolio et complere hunc innocentium infantium sanguine et
calente in eo loto me posse mundari. Et secundum eorum dicta
aggregatis plurimis innocentibus infantibus, dum vellent sacrilegi paganorum sacerdotes eos mactari et ex eorum sanguine fontem repleri,
90 cernens serenitas nostra lacrimas matrum eorum, ilico exhorrui facinus,
misertusque eis, proprios illis restitui precipimus filios suos, datisque
vehiculis et donis concessis, gaudentes ad propria relaxavimus.

71. Hec *A 1*; est *fehlt B 1*. | horthodoxa ha b. *A 1*; catholica o. *D*. | Silvestrio] *so A*
1. 2; Silvestro *die übrigen*. | 72. exortantes *A 2. B 2*; exhortamur *C 4. D 2 ff*. | 73. ac] et
B 1. D. | 75. dom. nostrum *D*. | salv. nostrum *fehlt A 3*; nostrum *fehlt B 1. C 2. D 1*. |
saec. vivit et reg. *D*. | 76. Silvister *A 1*. | 77. pater *fehlt C 3. 4*. | corda *B 1*. | 79. michi
A 2. | 81. abstracto] *so A 1. 2*; abstracte *B 1*; abstractum *die übrigen*. | veram lucem] *so*
A 2. B 1. 2 u. a.; veram lumen *A 1*; verum lumen *A 3*. | 82. pervenire *A 2. B 1. 2. C 2. 5*;
venisse *D*. | validi *A 3*. | 83. totum *A 1*; tota *A 3. B 1*. | 84. cura adh.] *fehlt A 1.—*
unius] ullius *C 4. D*; | promerui saluti *so A 1 (durch Correctur aus* promeruitaluti*)*; promerui
in salutem *A 2*; promerui salutem *C 3. 4*. | promeruit salutem *A 3 (corrig.* promeriti s.*).*
C 2; promeruit ad salutem *C 5*; promerita in salutem *B 1*; nec ullius quidem cura
promeruissemus salutem *D*. | 85. haec] hoc *D.—*pervenerunt *B 2*; venerunt *D*. | michi
A 2. | fons fieri *A 1*. | 86. complere hunc] *A 2*; complere hec *A 1*; inpleri hunc *B 2*;
compleri hunc *die übrigen*. | infantum *A 2*; sanguine infantum *A 3*; inf. *fehlt B. C. D*. |
et cal.] et calente et *A 1*; calente et *B 1. 2*; et calentem *A 3*. | 87. loto] *so A 2 u. D 2 ff*.;
lotum *A 3 u. in der Note D 2 ff*.; loco *A 1. B 1. 2 u. die übrigen*. | 88. adgregatis *A 2*.
B 1. | vaellent *A 1*. | 89. mactare *B 1. 2. D 2 ff*. | ex *fehlt A 1*. | 91. miseratusque eis *B 1*;
miseratusque eas *D*; misertique eis *B 2*. | proprios *corr*. protinus *C 2*. | suos *fehlt A 1*.

Eadem igitur transacta die, nocturna nobis facta silentia, dum 7
somni tempus advenisset, adsunt apostoli, sanctus Petrus et Paulus,
95 dicentes mihi: 'Quoniam flagitiis posuisti terminum et effusionem
sanguinis innocentis orruisti, missi sumus a Christo domino Deo nostro,
dare tibi sanitatis recuperande consilium. Audi ergo monita nostra
et fac quodcumque indicamus tibi. Silvester episcopus civitatis
Romae ad montem Seraptem persecutiones tuas fugiens in cavernis
100 petrarum cum suis clericis latebram fovet. Hunc cum ad te adduxeris,
ipse tibi piscinam pietatis ostendet, in qua dum te tertio merserit,
omnis te valitudo ista deseret leprae. Quod dum factum fuerit, hanc
vicissitudinem tuo salvatori conpensa, ut omnes iussu tuo per totum
orbem ecclesiae restaurentur, te autem ipsum in hac parte purifica, ut,
105 relicta omni superstitione idolorum, Deum vivum et verum, qui solus
est et verus, ạdores et excolas, ut ad eius voluntatem adtingas.'

Exsurgens igitur a somno protinus iuxta id, quod a sanctis 8
apostolis ammonitus sum, peregi, advocatoque eodem precipuo et almi-
fico patre et inluminatore nostro Silvestrio universali papa, omnia a
110 sanctis apostolis mihi precepta edixi verba, percunctatique eum sumus,
qui isti dii essent: Petrus et Paulus? Ille vero, non eos deos vere
dici, sed apostolos salvatoris nostri domini Dei Jesu Christi. Et rur-
sum interrogare coepimus eundem beatissimum papam, utrum istorum
apostolorum imaginem expressam haberet, ut ex pictura disceremus
115 hos esse, quos revelatio docuerat. Tunc isdem venerabilis pater
imagines eorundem apostolorum per diaconem suum exhiberi precepit,

---

93. nocturno nobis facto silentio *B 1. 2; D 2 ff.* | 94. adveniret *A 1.* | sanctus
fehlt A 3. | 95. michi *A 2, u. so oft.* | 96. orruisti] *so A 1; corr.* horruisti *A 3;* horruisti
A 2 u. die übrigen. | 99. Romae] *so A 2;* Rome *A 1; fehlt in allen übrigen; statt dessen
setzen die D-Texte* hujus *vor* civitatis. | Seraptem] *so A 1. 2;* Sareptem *C 5;* Siracte
A 3; Soracte *B 2. D;* Soractam *B 1;* Soractim *C 2;* Soracten *C 3. 4.* | persequutiones
A 1 | 100. latebras *A 3. B 1. C 2.* | 101. ostendit *A 1.* | dum te] te *fehlt C 2.* | 102.
valitudo] *so A 1. 2;* valetudo *die übrigen bis auf B 2, wo* infirmitas istius *steht.* |
deserit *A 1.* | dum] cum *A 3. B 2. C 2. 3. 4.* | 104. hac] ac *B 1.* | 105. relicti *A 1.* |
superstitutione *A 1.* | 108. admonitus *B 1.* | precipuo et ut *C 2.* | almifico] *so A 1. 2;*
magnifico *die übrigen.* | 109. Silvestrio] *so A 1. 2;* Silvestro *die übrigen.* | 110. edixi]
so A 1. 2; dixi ei *B 2;* dixi *die übrigen* | summus *A 1;* sumus ab eo *D.* | percontatique
A 3. B 2. D. | 111. vere] *vorher etwa 4 Buchstaben ausradiert in A 1;* debere *A 3. B 2.* |
112. apostolus *A 1.* | Christi respondit *B 1. 2. D.* | 113. istorum] ipsorum *B 2. C 2. 3. 4.* |
114. imagines expressas *B 2. D.* | 115. hoc esse quod *C 2. 3.*

quas dum aspicerem et eorum, quos in somno videram figuratos in
ipsis imaginibus cognovissem vultus, ingenti clamore coram omnibus
satrapibus meis confessus sum, eos esse, quos in somno videram.

120 Ad haec beatissimus isdem Silvester pater noster, urbis Romae 9
episcopus, indixit nobis penitentiae tempus intro palatium nostrum
Lateranense in uno cilicio, ut omnia, quae a nobis impie peracta atque
iniuste disposita fuerant, vigiliis, ieiuniis atque lacrimis et orationibus
apud dominum Deum nostrum Jesum Christum salvatorem impetraremus.

125 Deinde per manus impositionem clericorum usque ad ipsum presulem
veni, ibique abrenuntians Satanae pompis et operibus eius vel universis
idolis manufactis, credere me in Deum patrem, omnipotentem factorem
caeli et terrae, visibilium et invisibilium, et in Jesum Christum filium
eius unicum, dominum nostrum, qui natus est de Spiritu sancto et

130 Maria virgine, spontanea voluntate coram omni populo. professus sum,
benedictoque fonte illic me trina mersione unda salutis purificavit. Ibi
enim, me posito fontis gremio, manu de caelo me contingente propriis
vidi oculis, de qua mundus exsurgens, ab omni me leprae squalore
mundatum agnoscite. Levatoque me de venerabili fonte, indutus

135 vestibus candidis, septemformis sancti Spiritus in me consignatione ad-
hibuit beati chrismatis unctionem et vexillum sanctae crucis in mea
fronte linivit dicens: 'Signat te Deus sigillo fidei suae in nomine
Patris et Filii et Spiritus sancti in consignatione fidei'. Cunctus
clerus respondit: 'Amen'. Adiecit presul: 'Pax tibi'.

119. satrapis *B 2. D* | 120. isdem *B 2.* | 121. indicens *A 1.* | intro *so A 1. 2;*
intra *die übrigen.* | 122. cilicio] ciliculo *A 1;* cubiculo in cilicio *A 3, was vielleicht
das ursprüngliche ist* (cubiculum *auch in der Legende erwähnt*); concilio *B 2.* | de omni-
bus *und nachher* veniam impetraremus *B 2. D 2 ff.* | impiae *A 1. 2.* | 123. iniusta *B 1;*
iniustae *A 2.* | 124. Deum] *fehlt B 1.* | veniam impetr. *B 2. D 2 ff. (siehe vorher).* |
126. abren.] adrenuntians *B 1;* adnuntians *C 2;* renuntians *D* | universa idola manufacta
A 1. | 128. et terrae] ac terrae *A 2* | visib. omnium *B 1. 2. D 2 ff.* | 129. natus]
coeptus *B 1;* conceptus est de Sp. s. natus ex M. v. *D 2 ff.* | et Maria] ex M. *D* |
130. professus sum] professum *A 1.* | 131. benedictique *A 1.* | Ibi enim me posito] *so
A 1. 2;* positoque me in *unter Fortfall von* Ibi enim *die übrigen.* | 132. manum *B 2.
C 3. 4. D;* manus *A 3* | contingentem *A 3. B 2. C 3. 4. D.* | 133. lebre *A 1.* | 134. in-
duto *D 2 ff.* | 135. septemformis] *so A 1. 2;* septiformis *die übrigen;* s gratiae *D.* |
in me *fehlt B 2. C 3. 4. D.* | consignatione] *so A 1. 2. 3;* consignationem *die übrigen.* |
136. beate *A 1.* | unctionem] *so A u. B 2.* | unctione *die übrigen.* | vexillum *statt* et vex.
A 1. | 137. sigillum *A 1;* signaculo *C 3.* | 138. spiritu *A 1.* | cunctus] *so A 1 2;* cunctusque
die übrigen | 139. respondeat *C 2.* | et adiecit *alle ausser A 1. 2.* | presuli *A 1.*

140   Prima itaque die post perceptum sacri baptismatis mysterium et 10
post curationem corporis mei a leprae squalore agnovi, non esse alium
Deum nisi Patrem et Filium et Spiritum sanctum, quem beatissimus
Silvester papa predicat, trinitatem in unitate, unitatem in trinitate.
Nam omnes dii gentium, quos usque actenus colui, demonia, opera
145 hominum manu facta conprobantur, etenim quantam potestatem isdem
Salvator noster suo apostolo beato Petro contulerit in caelo ac terra
lucidissime nobis isdem venerabilis pater edixit, dum fidelem eum in
sua interrogatione inveniens ait: 'Tu es Petrus, et super hanc petram
aedificabo ecclesiam meam, et porte inferi non prevalebunt adversus
150 eam'.   Advertite potentes et aurem cordis intendite, quid bonus ma-
gister et dominus suo discipulo adiunxit inquiens: 'et tibi dabo claves
regni caelorum; quodcumque ligaveris super terram, erit ligatum et in
caelis, et quodcumque solveris super terram, erit solutum et in caelis.'
Mirum est hoc valde et gloriosum in terra ligare et solvere, et in caelo
155 ligatum et solutum esse.

    Et dum hec predicante beato Silvestrio agnoscerem et beneficiis 11
ipsius beati Petri integre me sanitati comperi restitutum, utile iudi-
cavimus una cum omnibus nostris satrapibus et universo senatu, opti-
matibus etiam et cuncto populo Romano, gloriae imperii nostri sub-
160 iacenti, ut, sicut in terris vicarius filii Dei esse videtur constitutus,
etiam et pontifices, qui ipsius principis apostolorum gerunt vices, prin-

---

140. baptismati *A 1.* | 142. beatus *B 1. D*; beatissimum *C 2.* | 144. et opera *B 2.*
C 3; operum ominum *A 1.* | 145. quantas potestates *A 3.* | suo apostolo *fehlt A 3.* |
146. contulerat *A 3.* | 147. in *fehlt A 3.* | 148. interrogationem *A 1*; interrogotione
A 2. | 149. Advertite p. et] Ad veritatem potenter *B 2. C 5.* | 150. aure *A 2. B 1. 2.*
C. 5. D. | 151. et — caelorum *fehlt B 1. D*; et quodcumque *C 2. 3. 4.* | 152. ligatum
et] et *fehlt B 2 C 3. 4.* | 153. et cetera *statt* et quodcumque solveris — caelis *B 1* ; et
quodcumque — caelis *fehlt in D.* | solverit *C 3.* | solutum et] et *fehlt C 3. 4.* | 154.
valde est hoc et gloriosus *A 3.* | solvere et] et *fehlt C 3. 4.* | 155. ligatus et solutus
A 3; ligatum vel solutum *C 3.* | 156. Silvestrio] *so A 1. 2*; Silvestro *die übrigen.* |
agnoscere *B 1.* | et benef.] ex beneficiis *C 4.* | 157. integre me] integerrime *D.* | sanitati]
in A 1 nicht ganz deutlich, doch kaum saniori. | comperi] corpori *A 1.* | restitutum] red-
ditum *C 3. 4; fehlt C 2.* — *Hier bricht der Text der kürzeren Pseudo-Isidorform (C) ab.* |
158. nostris *fehlt A 3.* | satrapitibus *A 2*; satrapis *B 2. D.* | optimatibus meis *D 1*;
optimatibusque meis *D2 ff.*; obtimatibusque *B 2.* | 159. Romanae *B2 D, corr.* Romano
A 3. | nostri] *fehlt A 3. B. D.* | 160. sicut sibi idem beatus apostolus *A 3.* | terris]
sanctus Petrus vicarius *D 3 ff.* | filius *A 1.* | constitutos *A 1. 3.* | 161. ipsius—vices]
successores sunt ipsius principis apostolorum *D 3 ff.* | vices et *A 3.*

cipatus potestatem amplius, quam terrena imperialis nostrae serenitatis
mansuetudo habere videtur concessam, a nobis nostroque imperio ob-
tineant; eligentes nobis ipsum principem apostolorum vel eius vicarios
165 firmos apud Deum adesse patronos. Et sicut nostra est terrena im-
peralis potentia, eius sacrosanctam Romanam ecclesiam decrevimus
veneranter honorare, et amplius quam nostrum imperium et terrenum
thronum sedem sacratissimam beati Petri gloriose exaltari, tribuentes
ei potestatem et gloriae dignitatem atque vigorem et honorificentiam
170 imperialem.

Atque decernentes sancimus, ut principatum teneat, tam super **12**
quattuor precipuas sedes Antiochenam, Alexandrinam, Constantinopoli-
tanam et Hierosolimitanam, quamque etiam super omnes universo orbe
terrarum Dei ecclesias; et pontifex, qui pro tempore ipsius sacro-
175 sanctae Romanae ecclesiae extiterit, celsior et princeps cunctis sacer-
dotibus totius mundi exsistat, et eius iudicio, quaeque ad cultum Dei
vel fidei Christianorum stabilitate procuranda fuerint, disponantur.
Justum quippe est, ut ibi lex sancta caput teneat principatus, ubi
sanctarum legum institutor, Salvator noster, beatum Petrum apostolatus
180 obtinere precepit cathedram, ubi et crucis patibulum sustenens beate
mortis sumpsit poculum suique magistri et domini imitator apparuit,
et ibi gentes pro Christi nominis confessione colla flectant, ubi eorum
doctor beatus Paulus apostolus pro Christo extenso collo martyrio
coronatus est; illic usque in finem quaerant doctorem, ubi sanctum
185 doctoris quiescit corpus, et ibi proni ac humiliati caelestis regis, Dei
salvatoris nostri Jesu Christi, famulentur officio, ubi superbi terreni
regis serviebant imperio.

Interea nosse volumus omnem populum universarum gentium ac **13**
nationum per totum orbem terrarum, construxisse nos intro palatium

162. terrenam B 1. | 164. vel eius vic.] et eius successores D 3 ff. | 165. adesse]
esse B 1. 2. D. | nostram terrenam imperialem potentiam B 2. D 2 ff. | 166. eius] ita et
statt eius A 3; fehlt ganz in B 2. | 167. honorari B 2. D 2 ff. | 168. exaltare A 3. | 171.
Atque] nec non etiam B 2. | tam fehlt A 1. | 172. Antiochenam A 2; Antiocenam B 1. 2. |
Alexandrinam A 1. | Const.] Hierosolym. et Constant. D 3 ff. | 173. Jerosolymitanam
A 2. | etiam fehlt A 3. | in universo A 2. B 1. D. | 177. stabilitatem B. D. | teneat]
procuranda — teneat aus Versehen wiederholt A 2. | 178. capud A 3. B 1. | 180. ob-
tenere A 1; optinere B 1. 2. | sustenens A 1. | 181. domino A 3. B 1. | 184. illic quo-
que usque A 3. | quaerunt A 1. | 185. ac] hac A 1. | caelesti B 1. | regi A 1. | 186. su-
perbie B 2. | 188. intro] so A 1; intra die übrigen. | Deo fehlt B 1. D 1.

190 nostrum Lateranense eidem salvatori nostro domino Deo Jesu Christo ecclesiam a fundamentis cum baptisterio, et duodecim nos sciatis de eius fundamentis secundum numerum duodecim apostolorum cofinos terra onustatos propriis asportasse humeris; quam sacrosanctam ecclesiam caput et verticem omnium ecclesiarum in universo orbe ter-195 rarum dici, coli, venerari ac predicari sancimus, sicut per alia nostra imperialia decreta statuimus. Construximus itaque et ecclesias beatorum Petri et Pauli, principum apostolorum, quas auro et argento locu-pletavimus, ubi et sacratissima eorum corpora cum magno honore recondentes, thecas ipsorum ex electro, cui nulla fortitudo prevalet 200 elementorum, construximus et crucem ex auro purissimo et gemmis preciosis per singulas eorum thecas posuimus et clavis aureis con-fiximus, quibus pro concinnatione luminariorum possessionum predia contulimus, et rebus diversis eas ditavimus, et per nostras imperialium iussionum sacras tam in oriente quam in occidente vel etiam septen-205 trionali et meridiana plaga, videlicet in Judea, Grecia, Asia, Thracia, Africa et Italia vel diversis insulis nostram largitatem eis concessimus, ea prorsus ratione, ut per manus beatissimi patris nostri Silvestrii pontificis successorumque eius omnia disponantur.

Gaudeat enim una nobiscum omnis populus et gentium nationes **14** 210 in universo orbe terrarum; exortantes omnes, ut Deo nostro et salvatori Jesu Christo inmensas una nobiscum referatis grates, quoniam ipse Deus in caelis desuper et in terra deorsum, qui nos per suos sanctos visitans apostolos sanctum baptismatis sacramentum percipere

192. cofinos] *so A 2*; chofinos *A 1*; cophinos *die übrigen.* | 193. terra *nur A 1*; terrae *die übrigen.* | honustatos *A 1*; onestatos *B 1.* | propriis *fehlt A 1.* | 194. capud *A 3. B 1.* | montium omnium *B 1.* | in *fehlt B 1. D 1.* | 196. statuimus] constituimus *D.* | *hinter* Construximus *finden sich in A 1 die durchstrichenen Worte:* et crucem. | itaque et] *so A 1*; et *fehlt A 2. 3. B 1. 2.* | 197. principum] primorum *B 1.2.D, doch D 2 u. ff.* principum *in der Note.* | 199. recond.] condentes *A 2.* | tecas *A 2.* | 200. et crucem] *von* et *geringe Spuren in A 1.* | 201. praetiosis *A 2*; pretiosis *B 1*; preciosissimis *D.* | eorum — clavis *zerstört in A 1.* | tecas *A 2.* | 202. concignatione *A 2. B 1.* | 203. diversas *B 1.* | nostram *A 2. B 1. 2. D.* | imperialem *B 1. 2. D.* | 204. iussionem sacram *B 2.* (s. imp. iuss.). *D.* | horiente *A 1.* | septentrionalem et meridianam plagam — Judeam *A 1.* | Tracia *A 2. B 1. 2.* | 206. nostram largitatem *D*; predia *statt* n. l. *B 2.* | 207. Silvestrii] *so A 2*; Silvestri *die übrigen.* | 208. eius *fehlt B 1. D 1.* | 209. enim] ergo *A 3. D 2 ff.* | 210. exholtantes *A 2*; exorantes *A 3*; et exhortantes monemus *D 2 ff.* | 211. referant *D 2 ff.* | grates] *so A 1*; gratias *die übrigen.* | quoniam] quam *B 1.* | 212. qui *fehlt D 2 ff.* — 213. baptismati *A 1.*

et corporis sanitatem dignos efficit. Pro quo concedimus ipsis sanctis
215 apostolis, dominis meis, beatissimis Petro et Paulo et per eos etiam
beato Silvestrio patri nostro, summo pontifici et universali urbis
Romae papae, et omnibus eius successoribus pontificibus, qui usque in
finem mundi in sede beati Petri erunt sessuri, atque de presenti
contradimus palatium imperii nostri Lateranense, quod omnibus in
220 toto orbe terrarum prefertur atque precellet palatiis, deinde diadema
videlicet coronam capitis nostri simulque frigium nec non et super-
humeralem, videlicet lorum, qui imperiale circumdare adsolet collum,
verum etiam et clamidem purpuream atque tunicam coccineam et
omnia imperialia indumenta seu et dignitatem imperialium presedentium
225 equitum, conferentes etiam et imperialia sceptra, simulque et conta
atque signa, banda etiam et diversa ornamenta imperialia et omnem
processionem imperialis culminis et gloriam potestatis nostrae.

Viris enim reverentissimis, clericis diversis ordinibus eidem sacro- **15**
sanctae Romanae ecclesiae servientibus illud culmen, singularitatem,
230 potentiam et precellentiam habere sancimus, cuius amplissimus noster
senatus videtur gloria adornari, id est patricios atque consules effici,
nec non et ceteris dignitatibus imperialibus eos promulgantes decorari;
et sicut imperialis militia, ita et clerum sacrosanctae Romanae ecclesiae
ornari decernimus; et quemadmodum imperialis potentia officiis di-
235 versis, cubiculariorum nempe et ostiariorum atque omnium excubiorum
ornatu, ita et sanctam Romanam ecclesiam decorari volumus; et ut

---

214. sanitate *A 2. 3. B 1. D 1.* | effici *A 1;* efficit *B 1;* effecit *die übrigen.* | 216.
Silvestrio] *so A 1. 2. B 1;* Silvestro *die übrigen.* | universalis *D.* | 218. de presente
(*corr.*-ti) *A 1;* praesentaliter tradimus *B 2;* de pr. concedimus *D 1.* | 220. palatii *A
1. 2.* | praecellit *B 1. D.* | diademam *A 1.* | 221. nostrae *A 1.* | simulque pallium *B 1;*
s. pallium vel mitram *D 1.* | frigium id est mitram *D 2 ff.* | superhumerale *A 3. B 1. D.* |
222. lorum quod imp. *A 3. D.* | adsollet *A 1.* | 223. tonicam *A 1.* | 224. seu] sed
D 2 ff. | praesidentium *A 2. B 1. D;* presencium *B 2.* | 225. aequitum *A 2.* | sceptra]
scripta *B 1.* | conta] contos *A 3. B. 2;* contra *B 1;* cuncta signa atque *D,* (*doch* conta
u. contos *in der Note D 2. 5. 6*) | 226. banta *D 6.* | 228. enim] etiam *A 3. B 2;* autem
D 2 ff. | in diversis *A 3. D 2 ff.* | 229. sing.—precell.] *so A 2. B 1;* singularitatis po-
tentiam et procel[lent]iam *A 1;* singulari potentia et precellentia *A 3. B 2;* singularitate
potentia et precellentia *D 2 ff.* | 230. cuius] quod *A 1.* | 232. promulgantibus *B 1. 2. D 1;*
promulgamus *D 2 ff.* | decorari] adornari *A 3.* | imperialibus *D 1.* | 233. clerus *A 3;* cleros
B 1; ita clero *B 2.* | 235. et excubiorum *B 1;* excubiarum *B 2. D 1;* excubitorum
D 2 ff. u auf Rasur A 3. | 236. ornato *A 1;* ornatur *B 2. D 2 ff.*

amplissime pontificalis decus prefulgeat, decernimus et hoc, ut clerici eiusdem sanctae Romanae ecclesiae mappulis ex lenteaminibus, id est candidissimo colore, eorum decorari equos et ita equitari, et sicut
240 noster senatus calciamenta uti cum udonibus, id est candido linteamine inlustrari: ut sicut celestia ita et terrena ad laudem Dei decorentur; pre omnibus autem licentiam tribuentes ipso sanctissimo patri nostro Silvestrio, urbis Romae episcopo et papae, et omnibus, qui post eum in successum et perpetuis temporibus advenerint, beatissimis ponti-
245 ficibus, pro honore et gloria Christi Dei nostri in eadem magna Dei catholica et apostolica ecclesia ex nostra synclitu, quem placatus proprio consilio clericare voluerit et in numero religiosorum clericorum connumerare, nullum ex omnibus presumentem superbe agere.

Decrevimus itaque et hoc, ut isdem venerabilis pater noster Sil- **16**
250 vester, summus pontifex, vel omnes eius successores pontifices diadema, videlicet coronam, quam ex capiti nostro illi concessimus, ex auro purissimo et gemmis pretiosis uti debeant et eorum capite ad laudem Dei pro honore beati Petri gestare; ipse vero sanctissimus papa super coronam clericatus, quam gerit ad gloriam beati Petri,
255 omnino ipsa ex auro non est passus uti corona, frygium vero candido nitore splendidam resurrectionem dominicam designans eius sacratissimo vertici manibus nostris posuimus, et tenentes frenum equi ipsius pro reverentia beati Petri stratoris officium illi exhibuimus;

237. amplissimae *A 2*; amplissima *B 1*; amplissimum *B 2*. | pontificale *A 3. B 2. D*. | profulgeat *B 1*. | ut clerici] clericorum *ohne* ut *D 2 ff*. | 238. sanctae Rom. *fehlt A 3*. | mappulis] manipulis *D*. | id est] idem *A 2*. | ex lent.] *so A 1. 2*; et linteaminibus *die übrigen*. | 239. eorum *fehlt B 1. D*; earum *B 2*. | decorari — equitari] decorati equitent *B 2*. | equitare *D 2 ff*. | 240. calciamentis utitur *A 2. B 1. 2. D*. | 241. inlustrari] illustrati *D 1*; illustratis, sic utantur et clerici *D 2 ff. u. ohne* illustratis *B 2*. | 242. tribuimus *D 2 ff*. | ipsi *A 3. B 2. D*. | 243. Silvestrio] *so A 2*; [Silv. urbis Ro]mae, *A 1*; Silvestro *B 2. D*. | qui] quae *A 1*. | 245. eandem magnam Dei catholicam et apostolicam ecclesiam *A 2. 3*. | 246. nostro sinclytu *A 2*; nostra sinclitu *A 3*; nostro inditu *B 1*; nostro inclito senatu *B 2*; ex nostro iudicio *D 1*; ex nostro indicto ut *D 2 ff*. | 247. cler. *fehlt A 1*. | 248. nullum—presumentes *A 3*; nullo—presumente *B 2*. | 249. hisdem *B 1*. | 250. successores eius *A 2*. | pontifex *A 1*. | diadema] *so A 2. 3. B 1. D 1*; diademam *A 1*; diademate *B 2. D 2 ff*. | 251. corona *A 2. B 2. D 2 ff*; coronam *corr.* corona *A 3*. | quam] que *A 3*. | 252. eorum] in *D 2 ff*. | 253. gestari *A 1*. | sanct.] beatissimus *A 2. B. D*. | 254. quia super *D 2 ff*. | geret *A 1*. | 255. ipsam — coronam *A 1*. | frigium *A 2. B 1. 2 u. a*. | vero] quoque *D 2 ff*. | candidi nitoris *D 2 ff*. | 256. splendidus *A 3*. | 257. imposuimus *A 3. B 2. D*. | 258. ipsius] illius *A 3. B 1. D*.

statuentes, eundem frygium omnes eius successores pontifices singu-
260 lariter uti in processionibus.

Ad imitationem imperii nostri, unde ut non pontificalis apex 17
vilescat, sed magis amplius quam terreni imperii dignitas et gloriae
potentia decoretur, ecce tam palatium nostrum, ut prelatum est, quamque Romae urbis et omnes Italiae seu occidentalium regionum pro-
265 vintias, loca et civitates sepefato beatissimo pontifici, patri nostro Silvestrio, universali papae, contradentes atque relinquentes eius vel
successorum ipsius pontificum potestati et ditioni firma imperiali censura per hanc nostram divalem sacram et pragmaticam constitutum
decernimus disponendam atque iure sanctae Romanae ecclesiae con-
270 cedimus permanendam.

Unde congruum prospeximus, nostrum imperium et regni potes- 18
tatem orientalibus transferri ac transmutari regionibus et in Byzantiae
provintia in optimo loco nomini nostro civitatem aedificari et nostrum
illic constitui imperium; quoniam, ubi principatus sacerdotum et
275 Christianae religionis caput ab imperatore celeste constitutum est,
justum non est, ut illic imperator terrenus habeat potestatem.

Hec vero omnia, que per hanc nostram imperialem sacram et per 19
alia divalia decreta statuimus atque confirmavimus, usque in finem
mundi inlibata et inconcussa permanenda decernimus; unde coram Deo
280 vivo, qui nos regnare precepit et coram terribili eius iudicio ob-

---

259. eundem frygium] *so A 1*; eodem frigio (frygio, phrygio) *die übrigen.* | ponti-
fices] *so A 1*; *fehlt in den übrigen.* | singularitati *statt* singulariter uti in *A 1.* | 262.
non vilescat *D.* | magis amplius] amplius etiam *D 3 ff.* | terrenus *A 1.* | 263. prelatum]
praedictum *D.* | 264. Rome urb. *A 1*; Romane urbis *B 1. 2. D 1. 2*; urbem Romam
D 3 ff. | omnes totius *J.* seu et *D 3 ff.* | 265. sepefato] praefato *B 2. D.* | patri *fehlt
B 1. D.* | Silvestrio] *so A 1. 2*; Silvestro *die übrigen.* | 266. contrad. atque rel.] con-
cedentes atque rel. *A 3*; concedimus atque relinquimus *D.* | vel s. i. pont.] et suc-
cessoribus ipsius pontificibus quorum *B 2*; et successorum *u. s. w. D.* | 267. ditione
(dicione) *A 1. B 2*; dicioni *A 2. 3. D*; dictione *B 1.* | 268. pracmaticam *A 2*; prag-
maticum *B 1. D; von hier bis* permanendam *ist der älteste Text fehlerhaft; es ist zu
lesen wie B 1 verbessert:* pragmaticum — disponendum — permansurum. | constitucionem
B 2. | 269. disponenda *A 3. B 2*; disponendum *B 1. D.* | iurae *B 1*; iuri *A 2. 3. B 2.
D.* | 270. permanenda *B 2*; permansurum *B 1. D.* | 271. imperium perenne et *A 3.* |
272. in orient. *D 2 ff.* | Bizantiae *A 2. B 1*; Byzantia *A 3*; Bixantii *B 2.* | 273. in opt.] in *fehlt
D 2 ff.* | nostro] vestro *A 2.* | 275. celeste *so A 1*; caelesti, celesti *die übrigen.* | 277. Hec] Nęc
A 2. | quae *A 2. B 1*; que — sacram *fehlt D.* | sacram] sanctionem *B 2.* | 279. inlibata] labata
A 2. | quoram *A 1.* | 280. qu[oram terribili] eius *A 1.* | obtestamur *A 2. 3. D*; testamur *B 2.*

testamus per hoc nostrum imperialem constitutum omnes nostros successores imperatores vel cunctos optimates, satrapes etiam, amplissimum
senatum et universum populum in toto orbe terrarum, nunc et in
posterum cunctis retro temporibus imperio nostro subiacenti, nulli
285 eorum quoquo modo licere, hec, que a nobis imperiali sanctione sacrosanctae Romanae ecclesiae vel eius omnibus pontificibus concessa sunt,
refragare aut confringere vel in quoquam convelli. Si quis autem,
quod non credimus, in hoc temerator aut contemptor extiterit, aeternis
condemnationibus subiaceat innodatus, et sanctos Dei principes aposto-
290 lorum Petrum et Paulum sibi in presenti et futura vita sentiat con-
trarios, atque in inferno inferiori concrematus, cum diabolo et omnibus
deficiat impiis.

Huius vero imperialis decreti nostri paginam propriis manibus **20**
roborantes super venerandum corpus beati Petri, principis apostolorum,
295 posuimus, ibique eidem Dei apostolo spondentes, nos cuncta inviola-
biliter conservare et nostris successoribus imperatoribus conservanda
in mandatis relinqui, beatissimo patri nostro Silvestrio summo pontifici
et universali papae eiusque per eum cunctis successoribus pontificibus,
domino Deo et salvatore nostro Jesu Christo annuente, tradidimus
300 perenniter atque feliciter possidendam.

Et subscriptio imperialis:

† Divinitas vos conservet per multos annos, sanctissimi et
beatissimi patres.

Datum Roma sub die tercio Kalendarum Apriliarum, domno
305 nostro Flavio Constantino augusto quater et Galligano viris clarissimis
consulibus.

---

281. imp. const.] *so A 2*; imp. constitum *A 1*; imperiale c. *die übrigen.* | 282.
satrapas *B 2. D*; nec non *fügt hinzu B 2.* | 283. orbae *A 2.* | 284. retro] recto *B 1.* |
subiacenti] *so A 1*; subiacentem *die übrigen* | 285. q̄o quo *A 1*; quoque *B 1.* |
haec quae *A 2 u. a.* | 287. refragari *A 3. B 2. D.* | convellere *D.* | 288. hoc *in A 1
zerstört*; huius *statt* in h. *B 2.* | contemptator *A 1.* | 295. ibique] ubique *B 1*; ibi
D 2 ff. | Dei] *fehlt B 1. D 1;* | 296. conservari *A 1*; conservaturos *A 3*; servare *B 2.
D.* | 297. reliqui *D 1*; relinquere *D 2 ff.* | beat.] *fehlt B 1. 2. D 1;* ac beato *D 2 ff.* |
Silvestro *A 3. B. D.* | 298. per eum] *fehlt B 1. D*; et per eum cunctis successoribus
eius *B 2.* | 299. tradimus *B 1. D.* | 301. Et—imp.] Et proprio manu subscribo sic
mit rother Tinte A. 3. | 302. *Von* Divinitas *bis zu Ende roth umzogen A 2.* | 304.
Datum] Actum *A 1.* | Rome *A 3. B. D.* | tertio die *B 1. D.* | Aprelium *A 3.* | 305. quarto
D 1. | Gallicano *A 3. B. 1. 2. D.*

Index rerum et verborum.

(Die Zahlen bezeichnen die Zeilen.)

If you have any concerns about our products,
you can contact us on
ProductSafety@springernature.com

In case Publisher is established outside the EU,
the EU authorized representative is:
Springer Nature Customer Service Center GmbH
Europaplatz 3, 69115 Heidelberg, Germany

Printed by Libri Plureos GmbH
in Hamburg, Germany